Star
星出版

新觀點
新思維
新眼界

Star星出版

93歲精神科醫師×55歲精神科醫師教你
放下不安，優雅面對熟年生活

日日靜好2

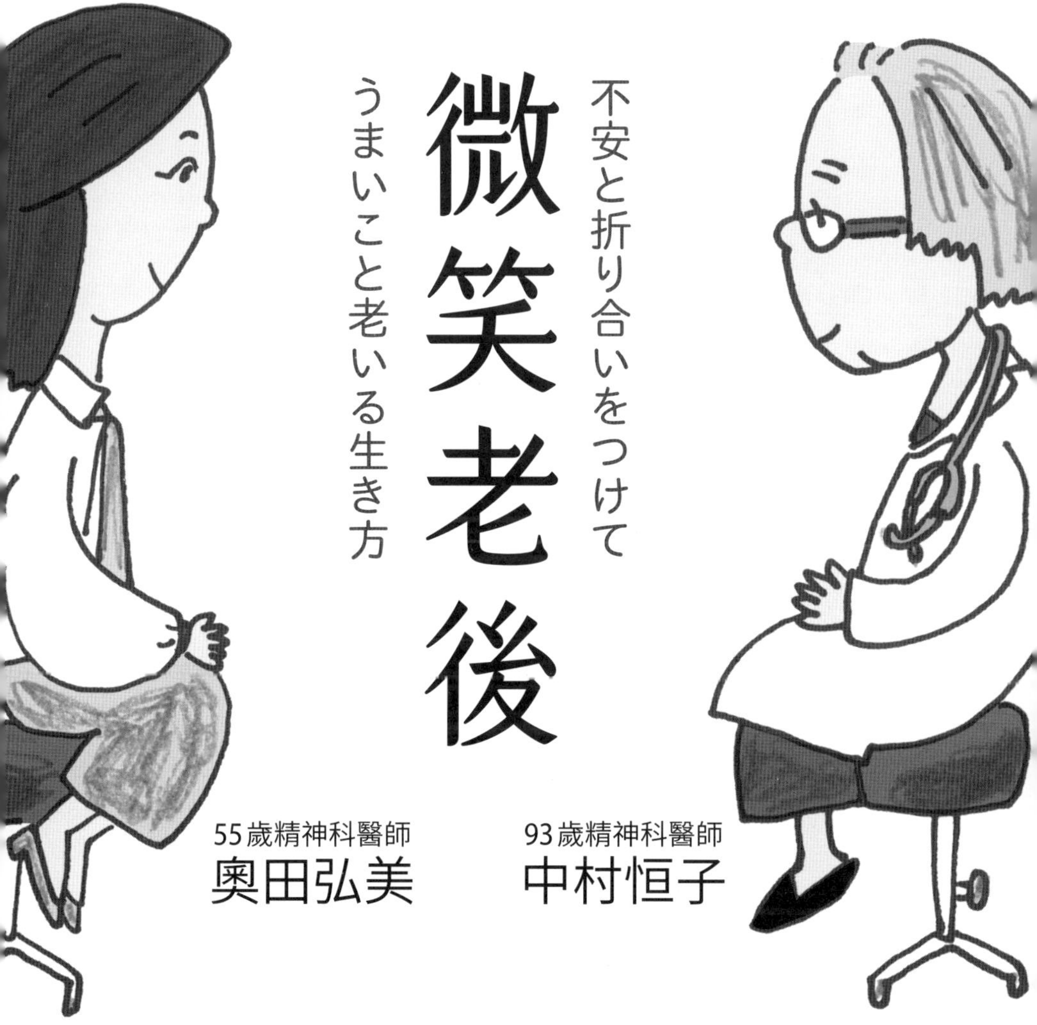

不安と折り合いをつけて

微笑老後

うまいこと老いる生き方

55歲精神科醫師
奧田弘美

93歲精神科醫師
中村恒子

賴詩韻 譯

目錄

作者序1 放下不安，迎接人生新階段，成為優雅的「大人」 中村恒子 — 011

作者序2 「高年級」生活，你想要怎麼過？ 奧田弘美 — 015

第 1 章

老了能認老，人生就幸福

01 在追求青春永駐的時代，細數變老的好處 — 021

02 衰老是生命的自然歷程，極力抗拒變老，只會變得不快樂 — 029

03 從主角退居配角，接受新的角色，就會變成很棒的長者 — 037
04 工作和親子關係，六十歲開始會有全新的看法 — 041
05 精力體力日益下滑不是壞事，欲望變少，愈能輕鬆度日 — 047
專欄1 長生不老的故事 — 053

第 2 章
人際關係要懂得放下

06 一直想要改變別人只會帶來痛苦，一旦放下萬事解決 — 057

07 面對工作不要過度期待，遇到不合時好好溝通很重要 — 061
08 世事大都是「結局好，一切就好」，找到精神寄託熬過去就好 — 067
09 朋友愈多愈好？這是偏見。交友愈廣闊，煩惱愈多 — 073
10 與眾人打成一片是一種才能，不是每個人都合得來，不用在意 — 077
11 人生而孤獨，獨處的時間讓自己更充實 — 081
12 被一、兩個人討厭，有什麼好在意的？ — 089
13 上了年紀疲於應付人際關係？找到對的人、用對的方式相處 — 095

14 純粹只有印刷字的賀年卡是無意義的交際，慢慢清除不必要的社交關係 — 101

第3章

不讓「過去」和「未來」占滿思緒

15 為何莫名不安？來自與他人無謂的比較 — 107
16 人的天性愈到夜晚愈不安，刻意保持忙碌，就沒有閒工夫胡思亂想 — 115
17 陷入憂慮未來、懊悔過去的時候，利用冥想把心拉回現在 — 121
18 睡眠、均衡飲食和夜晚的放鬆時間，都是心靈的養分 — 127

19 當自我厭惡來襲時，告訴自己「算了吧！」，趕緊睡覺去 — 133

20 每個人都長得不一樣，別人的人生與自己的人生本來就不一樣 — 139

21 人生的「正確答案」，結束才知道。只能拚命做好眼前的事 — 143

22 不照顧身體，身體就不聽使喚，心也是一樣，不好好對待就會罷工 — 147

專欄2 維護身心健康，需要良好的睡眠和飲食 — 152

專欄3 在家練習內觀冥想 — 155

第4章

正面看待「死亡」的方法

23「如果五年後會死，你還有什麼事想完成？」過好每個當下 — 161
24 想做的事現在就做，才可以用安詳的笑容，迎接人生的最後一刻 — 167
25 老年生活有嗜好就很愉快？還得考慮行動不便的生活吧！ — 175
26 享受孤獨並不難，只要認真面對生活的每一刻 — 181
專欄4 恒子醫師的養生祕訣就是「不講究」 — 185

第 5 章

在人生的終點站笑著下車

27 高齡者遲早都得面臨延命治療。何謂「延命治療」？要有明確認知 — 191

28 為了迎接油盡燈枯的最後一刻，及早做好「預立醫療自主計畫」 — 197

29「孤獨死」其實沒什麼，就算一堆人送終，也不會陪你到另一個世界 — 205

30 喪禮和墳墓的事，留給生者去處理。死後的事，不用你操心 — 211

31「不為兒孫買美田」，與其留財產給孩子，不如傳承智慧 — 217

32 走過九十三年人生的恒子醫師，最後想告訴大家「人生的分寸」——223
結語——228

作者序1

放下不安，迎接人生新階段，成為優雅的「大人」

中村恒子

我現在九十三歲，是貨真價實的超高齡者（笑）。

二次大戰即將結束之際，我開始擔任精神科醫師，不知不覺已經七十餘年了。

詳細的故事我寫在《日日靜好》一書中，真是一下子就走過九十三年的歲月。

二次大戰末期，我是一名就讀女子高中的學生，被動員協助軍需工廠。剛畢業，為了就讀大阪女子高等醫學專門學校，我隻身一人從廣島前往大阪，從此開啟波瀾壯闊的醫師生涯。

戰敗後，日本國內一片混亂，我好不容易結束實習醫師的生涯，幾經波折，終於進入奈良醫科大學的精神科，成為一名精神科醫師。之後，我與大兩歲的耳鼻喉科醫師結婚，生下兩個孩子。

不過，我的生活從此變得很辛苦，因為丈夫簡直嗜酒如命。

我先生工作確實很認真，但是每天下班後，就一家喝過一家，經常醉醺醺地發酒瘋，而且還不顧家計，到處請客。為了維持家計，我只得繼續工作。我一邊養育兩個兒子，同時負責診療大量病患，除了看門診，還得值班住院醫師，每天都忙得焦頭爛額。

直到孩子終於長大獨立，我也當上阿媽之後，一直有動脈硬化問題的丈夫，發生了好幾次腦中風。我打算辭掉工作專心照顧丈夫，他卻因為胸主動脈瘤破裂突然過世。

之後，由於待在家裡沒事做，在熟識醫院的邀請下，七十六歲的我，又回到一週六天到醫院工作的生活。後來，我終於在三年前正式退休。

一路走來，我都盡力做好當下應該做的事，淡然處之，不知不覺就迎來九十歲的「卒壽」。大多數的中高齡族群，應該都對漫長的老年生活感到不安吧！門診時，許多高齡患者找我諮詢，我也以走過人生種種的過來人經驗給他們建議。

「全身都痛，做任何事都提不起勁。」

「跟丈夫、孩子和孩子的另一半處不好。」

「找不到未來二、三十年的人生目標。」

「沒有可以好好說話的對象，生活很孤獨、痛苦。」

「人生一百年時代」聽起來很棒，但是到了人生後半場的中老年生活，將會面臨不同於年輕在職時期的煩惱和身心變化。一問之下，幫我整理撰寫前著的奧田弘美醫師，也即將邁入五十五歲，她也每天實際感受到身心變化，開始認真思考老後生活。

因此，我們兩位不同世代的精神科醫師搭檔，要針對「如何放下老後的身心不安，優雅老去」，分享我們的看法。

請喝杯茶，輕鬆地閱讀這本書吧！

作者序2
「高年級」生活，你想要怎麼過？

奧田弘美

我今年五十五歲，擔任精神科醫師和企業健康管理顧問。我與中村恒子醫師相識長達二十年。

恒子醫師大我很多歲，我們在工作上和私底下有很多交流。無論是精神科醫師的工作，還是育兒教養等身為女性的處世方式，我都深受恒子醫師的影響。

我希望向更多人分享恒子醫師的處世方式，所以把恒子醫師的口述整理成文字出版，書名叫做《日日靜好》。

沒想到，竟然受到熱烈回響，在日本成為熱賣逾十八萬冊的暢銷書籍。

讀者的信件多到令人吃驚，我們也從中發現中高齡族群對「老年生活」的不安與煩惱。

恒子醫師一直工作不退休，這被稱為「生涯現役」，是一種理想的老年生活方式。現代生活豐富多樣，熟齡者可以選擇終身不退休，或是做不同的生活規劃。

規劃熟齡生活時，會接觸到各種資訊，也會聽到各種意見。這些紛雜歧異的資訊，往往讓人對人生的後半場衍生更多的擔心和不安吧？

因此，我與恒子醫師想以「如何安心迎向老年生活」為題，與大家分享看法。

即將邁入「高年級」的我，替讀者向恒子醫師提出許多有關「老後」的疑問，兩位不同世代的精神科醫師，在本書進行一場真心交談。本書也透過專欄分享熟齡者身心健康的相關資訊，敬請期待。

第1章

老了能認老，人生就幸福

01

在追求青春永駐的時代，
細數變老的好處

奧田　恒子醫師，這本書的主題是「老後」，很多人對於「變老」感到不安。

日本是世上數一數二的長壽國家，對於如何度過退休後漫長的老年生活，無論男女都深感不安。加上最近沒完沒了的新冠疫情，大家都累積了很多壓力，甚至對未來不抱什麼希望。

中村　很遺憾是這樣，但我也有同感。愈來愈多人長壽是好事，但也表示有更多人煩惱漫長的老年生活該怎麼過。

奧田　在這本書中，超過九十歲的超高齡前輩恒子醫師，與五十五歲即將邁入高齡的我，將一起暢談如何面對「老後」，安然度過老年生活。

身為精神科醫師，我們長期接觸各界人士，見識過各式各樣的人生。因此，我們一定可以給大家許多有用的建議。

我不覺得「老」有什麼不好的。隨著年紀增長，雖然失去青春，但也得到豐盛的人生收穫。

中村　是啊。應該會滿有趣的！我是二戰前出生的世代，許多價值觀都與弘美醫師的世代不一樣。不過，我可以分享經歷二戰和戰後的經驗，以及一些個人心得。

奧田　我們進入正題吧。一般談到「老」，好像都是負面的印象，其實我不覺得「老」有什麼不好的。自從我跨過五十歲大關，總覺得無論如何掙扎，都不得不承認自己已經老了，所以乾脆輕鬆看待。

　隨著年紀增長，雖然失去青春，但也得到豐盛的人生收穫吧！恒子醫師，您覺得呢？

中村　確實如此。上了年紀以後，很多事情都會變得比較輕鬆一點。比方說，身為女性的我們，上了年紀，就不再那麼在意年輕和美貌，無論穿著、髮型和行為舉止，都不再那麼在意別人的眼光，覺得相對自在一點。

　別人會怎麼看我？會不會覺得我疏於打扮？這些我完

全不在意。穿自己想穿的衣服，只要不造成別人的困擾，想做什麼就去做，真的很輕鬆。

奧田 是啊！我現在五十五歲了，還處於媒體大肆鼓吹「五十歲凍齡時尚」的微妙年齡。但是老實說，到了這把年紀還在追求凍齡，也太辛苦了。

身體到了五十歲會開始鬆弛，臉也會出現皺紋。即使想要透過衣著和化妝掩飾年紀，畢竟也不是真的年輕了，沒有多大的效果，白費工夫而已。

中村 現在這個時代真是不得了！我們以前只要一結婚，就會被當作「歐巴桑」了，輕鬆得很（笑）。到了五十歲，不要說是歐巴桑了，根本就被當作阿媽。因此，無論化妝或穿著，只要不至於讓別人不愉快就好。時尚和流行，我們都不怎麼在意。

奧田 五十歲開始，如果乾脆以「阿媽」自居，絕對會非常輕鬆吧！恒子醫師那個年代，只要結婚變成太太，確實會被當作「歐巴桑」。一九六九年開播的卡通《海螺小姐》，主角河豚田海螺的年齡竟然設定是二十四歲。海螺的父親磯野波平是五十四歲，母親磯野舟則是五十二歲。從現代的角度來看，海螺小姐應該是三十多歲，波平爸爸和舟媽媽大概是七十幾歲吧。真令人吃驚！

中村　是啊。在我們那個年代，這沒什麼好奇怪的。結婚有了孩子以後，女性就變成「歐巴桑」，男性則被當作「歐吉桑」。

奥田　我個人覺得，現在所謂的「歐巴桑」和「歐吉桑」，都是指四十歲以後吧。三十多歲的人，還處於青春滿滿的時期。四十歲以後，終於邁入「歐巴桑」和「歐吉桑」的年紀，不過由於身處豐饒時代，只要肯花錢花時間，還是可以維持青春容貌，也有體力享受工作和嗜好的樂趣。

因此，許多人即使到了四十歲，也完全不覺得自己「變老了」，甚至會覺得「我還不輸年輕人喔！」，想要緊緊抓住青春的尾巴。邁入五十歲以後，人們終於意識到無法掩飾體力衰退和容顏的變化，就算不情不願，也只能承認自己「變老了」。

中村 原來如此。現代人不到五十歲不認老，真是不得了的時代。相較於我們那個時代，等於把老化延後了，真是了不起！

奧田 是啊。很多人要到無法掩飾「老化」時，才會勉強承認自己變老，但還是一直抗拒變老。正因如此，「anti-aging」一詞才會蔚為風潮。

中村 「Anti-aging」就是「抗老」的意思吧？在我們那個年代並沒有這種說法，而且人們並不抗拒變老，也不會特

與其用盡心思「對抗老化」，為了留住青春而執著痛苦，不如就乾脆認老。

別與老化對抗，就是順其自然變老。對於「變老」這件事，人們都坦然面對。

奧田　恒子醫師提到一個很重要的觀念，與其用盡心思「對抗老化」，為了留住青春而執著痛苦，不如就乾脆認老。

用不著討厭變老，老了就比較不受性別的束縛，也不必那麼在意別人的眼光。從這個角度想，老了反而可以隨心所欲生活，穿著打扮也不必在乎一般世俗標準，只要穿著舒適就好了。悠然自得地過日子比較愉快吧！

中村　我們這一代一到五十歲，幾乎所有人都自覺「邁入老年」，對於變老沒有焦慮和不安。對於穿著和生活，我們沒什麼特別執著，自己覺得舒適就好。

我身上的衣服和皮包，大都是在五、六十歲時買的。我不追求流行，即使店員向我推薦，我也只買合我心意的。即使我已經九十三歲了，家裡可以穿的衣服仍然多的是。上了年紀，身體多少會消瘦，我會稍微修改一下。個人的基本喜好不大會改變，我以前買的衣服現在都還在穿。

奧田　聽了恒子醫師一番話，我發自內心支持乾脆認老！我不想被媒體和流行左右，我想遵從自己的心意，選擇想要的東西和生活方式。果斷放下對青春的執念，接受變老的事實，身心才會輕鬆自在。

02

衰老是生命的自然歷程，
極力抗拒變老，只會變得不快樂

奧田　我們在前面提到「抗老」，我覺得非常多中高齡族群都很怕變老。對於「變老」這件事，恒子醫師有過不安和恐懼嗎？

中村　我個人幾乎沒有不安和恐懼，話說回來，我才覺得不可思議，為什麼要那麼不安呢？變老是理所當然、很自然的事吧？我完全不在意。我每天全副心力投入工作和育兒……不知不覺有了孫子，一回神竟然已經超過九十歲了。照鏡子的時候，看到滿臉皺紋的自己，我覺得很正常，完全不會悲傷。

奧田　我們這一代，媒體一天到晚宣揚「永保美麗青春」有多棒。很多人從三、四十歲左右，就被催促著「開始進行抗老計畫」，就算臉上只出現一條皺紋或是斑點，都會覺得恐懼不安。

不只女性，男性也受到媒體的影響，大量服用延緩老化的保健食品，或是注射藥物維持精力和體力。有些人甚至為此投入許多金錢。

中村　門診時，我也遇過年輕女孩因為「做了美容整形，效果卻不如預期」，煩惱到最後變成失眠症。

奧田　恒子醫師給她什麼建議呢？

中村　我問她，現在的臉不夠漂亮嗎？我告訴她，過於在意外表，只會變得不快樂。最後，我也只開安眠藥給她。後來她沒有回診，不知道情況是否改善。不過，現在的女性有這麼奢侈的煩惱，真的很幸福啊！

奧田　恒子醫師的青春時期，是在第二次世界大戰結束後不久吧？

中村　是啊！我二十幾歲時，每天光是為了填飽肚子，就已經竭盡全力。我三十幾歲時，日本還很貧困，每天工作養孩子，能夠餬口就已經謝天謝地了！根本沒有閒工夫煩惱容貌的問題。

奧田 「抗老」一詞，本來就很違反自然吧。老化本來就是人類的自然過程，又不是什麼疾病。

不只媒體，就連醫療界也在推崇抗老，還有專門進行美容手術的醫生。醫學的職責，應該是讓生病的人恢復健康吧？同為醫師，我總覺得不大能夠接受。

中村 把「變老」視為壞事，恐怕就連長皺紋和斑點都覺得很恐怖吧！話說回來，如果超過七十歲，卻像年輕女孩那樣，沒有一點皺紋和斑點，應該也很可怕吧！想要違反自然不變老，想盡一切方法抗拒變老，反而會變得不快樂。

奧田 確實如此。許多流傳的故事，都是講述凡人追求長壽不老，最後卻招致不幸。好比秦始皇追求長生不老藥，卻反而早死。還有八百比丘尼的傳說，她吃了人魚肉變得

過於抗拒變老，只會自找苦吃。愈是有強烈的執著，一旦現實不如己意，就會增加痛苦。

長生不老，卻活得非常痛苦。

中村　沒錯！很多故事都是這樣講的。我剛才也提到，在我們那個年代，年輕貌美是二十五歲以前的未婚女孩追求的，結了婚生了孩子以後，大家都覺得自己變成歐巴桑了！

以我為例，因為丈夫不給家用，我只能拚命賺取生活費，根本沒空注意容貌，當然也沒有為了抗老而浪費金錢。從這個角度來看，我出生在貧窮的時代，或許算是好事吧（笑）！現代生活十分富足奢侈，只要肯花錢，就可以修整外貌。因此，人們不管到了幾歲，都無法停止追求青春和亮眼外貌吧！

奧田　雖然如此，即使是最新的技術和醫療方法，也無法停止人的老化。我們應該清楚，過於抗拒變老，只會自找苦吃，這就是佛教講的徒增「執著」。「我一定要這樣」，「不管到了幾歲，我都想要維持年輕漂亮」，「我不想變老！」愈是有強烈的執著，一旦現實不如己意，就會增加痛苦。兩千五百年前，佛陀就已經告訴我們這個道理。

中村　哇！弘美醫師提到最愛的佛教思想了（笑）。為了多一條皺紋就耿耿於懷、煩惱不已，甚至陷入憂鬱，在我看來簡直是在浪費時間和精力。

你們與我不同，出生在和平豐饒的時代，應該把時間和精力用在更有意義的地方！現在可以安全舒適地前往想去的地方，而且滿街都是美食，無論工作、遊樂或嗜好，都可以隨心所欲，比以前好不知道幾百倍。我希望你們趁著年輕、身體健康時，好好享受更多樂趣吧！

奧田　坦然接受變老的自然歷程，內心就不會產生多餘的煩惱，視野一下子變得開闊無比。放下對年紀增長的不安和恐懼，內心才可以常保平靜。

無論幾歲，自在接受自己的年齡，對於時尚和化妝，

你們與我不同，出生在和平豐饒的時代，應該把時間和精力用在更有意義的地方，好好享受更多樂趣！

只要不過度追求凍齡而產生痛苦，還是可以適度享受這些樂趣。

中村　是啊。時尚和化妝，本來就是為了讓自己高興，要是變成痛苦的根源，不就本末倒置了嗎？

03

從主角退居配角，
接受新的角色，就會變成很棒的長者

奧田　仔細想想，那些令人欽佩的長者，都有著與年齡相符的皺紋和白髮，看起來都很自然啊！如果有人明明到了七、八十歲，臉上卻完全沒有皺紋，看起來與年紀不符，反而會讓人感覺不到歲月刻畫的深度，也很難令人產生信賴感。恒子醫師十分坦然接受老化，年輕人一定很欽佩您吧。

中村　我沒有那麼棒啦！就是在門診給患者建議時，我臉上的皺紋和斑點，確實讓我看起來很有說服力（笑）。我也沒說什麼大道理，不過比起四十多歲時，同樣的建議到了我現在這個年紀講，別人確實比較容易聽得進去。

我們合作的上一本書《日日靜好》，也是因為是九十歲老阿媽講的話，才有那麼多人願意看的吧！

奧田　有人說「皺紋是人的年輪」，恒子醫師很自然地接受自己的年齡，所以內心很平靜。或許是因為這樣，恒子

從旁給予建議，協助年輕人在舞台上活躍，這個社會也會因為傳承而充滿生氣，變得愈來愈好。

醫師的臉看起來很慈祥。

中村　不只是容貌，我在職場和家庭都已經邁入超高齡，要是一直想和年輕人爭，豈不是很愚蠢？年過五十歲，不只是外表，連體力和智力都開始由盛轉衰。超過六十歲，真的就得逐漸退居幕後，把舞台讓給年輕人。

奧田　確實如此。那些我欽佩的長者們，無論男女都不會刻意裝年輕，也不會倚老賣老。他們往往很有智慧，會把機會讓給年輕人，然後從旁協助。就像我年輕時，恒子醫師對我一樣，只要找您談話，您都會很大方給我許多建議。

中村　我認為這是理所當然的。年過六十歲接近退休，身心都明顯老化，要是永遠都想要當舞台上的主角，只會帶來痛苦吧！從旁給予建議，協助年輕人在舞台上活躍，這個社會也會因為傳承而充滿生氣，變得愈來愈好。我們也輕鬆愉快，何樂而不為？

奧田 放眼身邊，像恒子醫師一樣，自然接受角色轉變，經常協助年輕人的長者，都很受到尊敬呢！

中村 我認為，長者的工作，就是協助年輕人順利接棒。我已經上了年紀，無法獨當一面工作，只是希望多少能夠幫到年輕一輩，才會一直工作到前一陣子。

奧田 所以，恒子醫師才會到八十八歲為止，都一週工作六天，即使到八十九歲，也維持一週工作四天吧。

中村 我的腳和腰真的不行了，所以到九十歲以後，一週也只能減為工作一天。九十一歲時，我的腳骨折，所以就正式退休了。

奧田 「長者擔任配角從旁協助，只要多少幫到年輕世代就好」，恒子醫師這種謙虛的態度和心境，反而受到職場歡迎，所以才能夠一直持續工作吧！

不要總是想和年輕人比年輕比能力，學會這項祕訣，也可以像恒子醫師一樣，成為受歡迎的長者吧！

04

工作和親子關係，
六十歲開始會有全新的看法

中村　有孩子的人，總有一天會放下教養子女的責任。不過，從三十歲開始到五十歲左右，為人父母者都有操不完的心吧！

奧田　我也有兩個兒子，目前分別是大學生和高中生。到現在，我還是得為他們在各方面操心啊……。

中村　等到孩子長大成人，這些操心也會告一段落吧。有些人會操心孫子的事，但是責任感變得不一樣了，和自己教養孩子相比是天差地別。我和兒子夫妻倆住在隔壁，看到他們努力教養孩子，我就像在旁邊搖旗吶喊「加油呀！」的感覺吧。

奧田　我好羨慕喔，我現在還必須為孩子們努力工作呢！我目前努力工作的最大動機，就是要賺取孩子們的教育費……。等到不用負擔教育費時，我想要更輕鬆一點工

從三十歲開始到五十歲左右，為人父母者都有操不完的心。等到孩子都獨立以後，無論是工作或生活，都會愈來愈輕鬆喔！

作。我每天都在數日子，等著那一天到來（笑）。

中村　一定沒問題的。等到孩子都獨立以後，無論是工作或生活，都會愈來愈輕鬆喔！卸下教養孩子的責任後，我也一直持續醫師的工作，但是從六十歲開始，心情就變得完全不一樣了。以前，我與弘美醫師一樣，為了養家餬口，不得不賺錢，只得拚命做好醫師的工作。

如果工作丟了，生活馬上就會陷入困境。所以，只要院長交付的工作，無論是什麼工作，我都會答應。在我們那個年代，被教導不可以違逆長上的命令，無論上面交代什麼，我們只能照做。一旦接手，就得負責到底。

奧田　無論現在還是以前，養育孩子的男女，多少都背負著同樣的壓力在拚命工作吧！為了家人工作，雖然很有價值和意義，有時也會覺得疲憊不堪。恒子醫師在孩子們都獨當一面、可以自力更生之後，心境應該有很大的變化吧？

中村　沒錯。自從孩子們獨立以後，我的工作心態就變成「隨時都可以辭職，我是為了幫助別人而工作，不必勉強自己」，心情變得非常輕鬆。在職場上，我也退居二線，不像以前那樣拚死拚活，只想擔任輔助的角色，盡力協助年輕一代。

而且，年過六十歲以後，我工作的醫院也認為「恒子醫師已經上了年紀，給太多工作會害她生病」，所以我負責的工作變得愈來愈少。人生真是美好呢（笑）！

奧田　確實如此，企業雇用六十歲以上的人士，不會用一般員工的標準要求吧。或許會有令人不受重視的感覺，但是換個角度想，不必像年輕時期那樣拚命，一直被數字和業績追著跑，反而工作得更輕鬆愉快。

中村　雖然日本政府提倡「一億總活躍社會」，希望任何年齡、階層的人都能夠發揮所長，但是在任何時代，社

為了家人工作，雖然很有價值和意義，有時也會覺得疲憊不堪。在家庭和職場都逐漸退居二線、變成輔助的角色，反而工作更輕鬆愉快。

會的主力都是二十歲到五十歲的人民。因此，從六十歲開始，應該就是擔任輔助的角色。雖然我是很資深的老大人，只要還能夠幫上一點忙，就讓我繼續工作吧！

奧田　雖然在家庭和職場都逐漸退居二線、變成輔助的角色，卻也並非完全不受重視，而是逐漸卸下沉重的責任和壓力。隨著年齡增加，要是工作壓力也跟著減輕，變老還真的不是壞事呢！

05

精力體力日益下滑不是壞事，欲望變少，愈能輕鬆度日

中村　人一旦變老，除了卸下重責大任外，也會慢慢放下一直以來束縛自己的各種「欲望」。變老後，因為精力體力愈來愈差，不再什麼都想做。在職場和生活上，只要擔任輔助的配角就好，反倒樂得輕鬆！

奧田　年過五十歲以後，物欲確實會逐漸減少。以往，我總想透過工作和嗜好達到自我實現，覺得人生必須過得很充實，五十歲以後，這些想法就漸漸淡了。

中村　自我實現啊！我們以前沒這種煩惱，但是現在的年輕人好像很在乎這個。許多門診病患因為「工作不適合我」、「人生沒有充實感」等理由，一臉憂鬱地前來諮詢。

奧田　身為企業健康管理顧問，我也遇過許多有類似煩惱的職場人士。我在二十歲到四十歲期間，也經常追求所謂的自我實現感。

中村　我們經歷過戰爭的世代，根本沒有所謂「實現自我」的想法，所以無法體會你們的心情。

一直以來，我覺得，工作就是為了生活和餬口，與喜歡或討厭無關。只要不是非常痛苦的工作，能夠領薪水維持穩定的生活就好。

奥田　對我們這個世代，工作不只是為了賺錢，還為了發揮自我能力，讓自己發光發熱。現在的年輕人，從學生時代開始，就被要求必須思考將來的職業計畫。出社會以後，要是工作與理想不符，就會感到煩惱不安。而且，如果無法獲得別人的肯定，就會陷入憂鬱。

中村　哇！好辛苦啊！整天想這種傷腦筋的事，才會生病吧。公司只是別人開來賺錢的地方，終究是別人的，就算沒有做到自己想做的工作，也不要太在意。別人想發光發熱還是出人頭地，都是他家的事，只要自己能夠賺夠生活費就好。工作最主要的目的，就是養活自己和家人吧！

奧田 自從認識恒子醫師以後，我的想法也受到您的影響。尤其在三十歲以後，我因為丈夫工作的關係來到東京，丈夫的薪水變少，我又生了兩個孩子，不得不為生計考慮，才真正體認到工作的最大目的就是為了餬口。為了養家而工作，這就夠了。心有餘力時，才會想想自我實現的事。

中村 能夠這樣想就好。

奧田 話說回來，我在三、四十歲的時候，為了提升職能必須去考證照，必須學習許多新技能，經常得為自己加油打氣。

年過五十歲以後，職場的目標已經大致達成，主要的工作自然改由年輕世代負責。我們這個世代也差不多該認真想想退休的規劃了吧！自從我接受這個事實以後，就覺

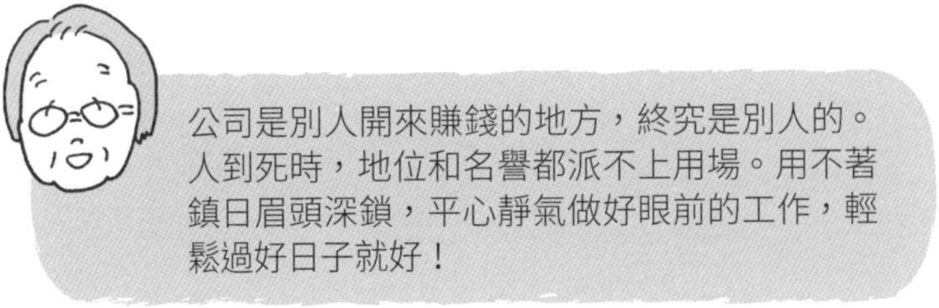
公司是別人開來賺錢的地方，終究是別人的。
人到死時，地位和名譽都派不上用場。用不著
鎮日眉頭深鎖，平心靜氣做好眼前的工作，輕
鬆過好日子就好！

得非常輕鬆愉快，這也是變老的作用吧。

中村　這不是很好嗎？一路走來，我看過非常多患者。人到死時，地位和名譽都派不上用場，任何東西死了都帶不走。無論生前多麼輝煌，一輩子過得是好是壞，人終究會死。

既然如此，用不著鎮日眉頭深鎖，擔心在工作上無法實現自我，或是追求人生一定要過得非常充實，平心靜氣做好眼前的工作，輕鬆過好日子就好吧！

奧田　這個道理，大家不知道什麼時候才會想通？在我們之後的世代成長於戰後衣食無憂的時空環境，往往覺得必須追求自我實現，無論在工作還是生活上，都非得安排得十分充實不可。

年輕世代有「現充」（リア充，現實生活過得很充實）的說法。要是在別人眼中，沒有過著「充實人生」，就會莫名覺得愧疚，甚至覺得丟臉。

不過，從職場退休步入老年的過程中，終於可以擺脫這些束縛了。無論在職場或家庭，都可以放下許多重擔，不必再一直跟別人競爭比較。一旦不在意世俗眼光，就可以真正做自己，輕鬆自在過日子。

中村　沒錯！如果像我一樣活到九十三歲，已經沒什麼需要拚命守護的了，也沒什麼特別的期望。每天就是平淡地起床，做一下家事，做一點工作，然後吃飯睡覺而已。變成老人退居幕後，與人維持最低限度的交際就好。慢慢地，就無須在乎那些多餘的面子問題了。

這種平淡的生活看在年輕人眼裡，或許會覺得很無趣吧？但是，對於體力精力逐漸退化的我來說，卻是再適合不過了。活到這把年紀，出遠門旅行也很吃力，偶爾找兒子、孫子說說話，這樣就夠了。我的生活簡直很「現充」吧（笑）！

專欄1

長生不老的故事

前文提到「過度追求長生不老，會遭致不幸」，世界各地有非常多相關傳說。

舉例來說，西元前二二一年，最早統一全中國的秦始皇。這位偉大的皇帝當時成為廣大中國的主人，他有許多著名事蹟，包括力行中央集權，以及進行許多劃時代的政治改革。不過，即使是這樣有魄力的君主，晚年也沉迷於追求長生不老。

秦始皇派遣部屬到世界各地，遍尋各種長生不老藥和相關儀式，著名的徐福就是其中一人。不過，秦始皇只活到四十九歲，據說他把有毒的水銀視為長生不老的妙藥，不斷服用才導致壽命減短。秦始皇陵的兵馬俑至今仍在研究中，已經證實陵墓中有水銀做成的江河大海。

在日本，則有八百比丘尼的著名傳說。據說，她吃了人魚肉變得長生不老，卻活得很痛苦。

平安時代，有位漁夫的女兒吃了人魚肉，獲得長生不老和美貌。不過，無論她結婚多少次，丈夫都先她而去，最後她只好絕望出家。成了八百比丘尼之後，她到處流浪，一心求死。直到八百歲時，她終於得以入定（高僧死亡），安詳地回歸天上。

諸如此類的傳說和故事流傳至今，或許就是先人想告誡我們「過於執著追求青春長壽，反而會遭致不幸」吧？

第2章

人際關係要懂得放下

06

一直想要改變別人只會帶來痛苦，一旦放下萬事解決

奧田　不管到了幾歲，許多人仍然為人際關係所苦。偶爾會有六、七十歲的長輩找我訴苦，我當然也有人際關係的煩惱。人生在世，不可能脫離人際關係的煩惱。

中村　我到現在還是有各種煩惱啊！要說現在完全沒有煩惱，那是騙人的。我之前最傷腦筋的事，就是如何與丈夫相處。他簡直嗜酒如命，每天晚上都喝得醉醺醺回家。薪水只給那麼一點點當家用，育兒或家事，他都全部丟給我。

而且，要是他喝得爛醉如泥，甚至會抓著我或孩子們，沒完沒了地說教幾個小時。我好幾次都想要離婚！不過，隨著年紀愈來愈大，對人際關係的煩惱也淡了。年過六十歲以後，我和丈夫的相處也變得比較自在。

奧田　恒子醫師與丈夫的相處好像很辛苦，您是如何轉換心情的呢？

人生在世，不可能脫離人際關係的煩惱。愈是堅持「我不想改變，對方應該改變」，事情愈難解決，內心愈不容易恢復平靜。存在無法排解的壓力時，最好跳脫到別的情境中。

中村　就是一句話：「放下。」他無論如何都改不了，我就放棄了。然後，我開始想自己要怎麼做。以前要是離婚，就會對孩子的婚姻和工作造成不良影響。

因此，我決定在兩個孩子結婚前不離婚。打定主意之後，我就兩手一攤（笑），乾脆與丈夫湊合著過下去。

奧田　兩手一攤啊……。這個辦法好像適用於各種人際關係呢！我也有類似的經驗，當我一直想要對方改變，藉以改變現狀時，就會陷入無盡的煩惱。我在心裡埋怨「我都已經拚命拜託到這種地步了，為什麼不肯為我改變？為什麼不了解我的心情？」

接受患者諮詢時，我發現，愈是堅持「我不想改變，對方應該改變」的人，事情愈難解決，內心也愈不容易恢復平靜。

中村　沒錯！正是如此。當我拚命想要改變丈夫的時候，最是痛苦。我很生氣、懊悔，然後開始覺得悲傷。不過，當我看清「根本不可能改變丈夫」時，我就放棄了。之後，我反而變得平靜，憤怒和悲傷的情緒也漸漸淡了。

奧田 人往往本性難移，不要妄想改變一個人。想要怎麼做，就完全照自己的意思決定就好。

中村 沒錯沒錯。自己決定的事，就會甘願接受。當我決定在孩子們結婚前不離婚，就開始思考如何與丈夫和平相處。

奧田 所謂「和平相處」，您的具體做法是什麼？

中村 首先，當我外出工作，我就全心投入，完全把丈夫的事情拋在腦後。精神科醫師的工作雖然很辛苦，但也很有意義。在職場上，我盡可能減輕壓力，讓自己工作愉快。

奧田 恒子醫師的方法，就是全心投入工作，拋開家庭的壓力，藉此取得內心平靜。

存在無法排解的壓力時，最好讓自己跳脫到別的情境中，遠離壓力源的影響。

07

面對工作不要過度期待，
遇到不合時好好溝通很重要

奧田　就算想學恒子醫師，透過工作忘記家庭壓力，但是職場的人際關係，往往也會變成負擔吧！很多人因為職場的人際壓力，導致罹患心理疾病。

中村　是啊！我在門診遇到很多人談職場煩惱，非常理解職場的人際壓力有多大。不過，我注意到一個問題，那就是現代人對別人也期望太多了吧！比方說，「主管都不指派我想做的工作給我」，或是「部屬都不好好做事」等。

我對工作不會挑三揀四，幾乎沒什麼要求。上司派什麼工作給我，我就乖乖去做。對於上司，我不曾有過很大的不滿。

奧田　恒子醫師工作不是為了實現自我，只是想要維持生活，能夠賺錢就好。正是因為沒有過多欲求，才不會產生多餘的壓力吧！

沒有過多欲求，才不會產生多餘的壓力。期待愈多，目標愈高，愈容易與現實產生落差，因此產生不滿和壓力。

中村　或許是吧！我沒想過出人頭地，也沒想要獲得認可。就算被當成基層員工使喚也沒關係，別人交代的工作，我都會確實做好。只要給我薪水，我就已經很滿足！

奧田　現在很多人一心追求「自我實現」，很難用恒子醫師的心態工作。期待愈多，目標愈高，愈容易與現實產生落差，因此產生不滿和壓力。

覺得工作「很痛苦」時，首先應該試著降低自己的目標和期望。最好也要自我反省，是否對別人過度期待。

中村　沒錯。設定高目標不一定好。不過，要是像我一樣，目標和期望太少，或許也有問題（笑）！總之，要是設定的目標讓自己吃不消，就應該稍作調整。

奧田　談到與人交往，恒子醫師如何與同事和醫院的工作人員相處呢？遇到個性不合或是沒有禮貌的人，不會覺得很煩躁嗎？

中村 當然會有個性不合的人啊！不過，這種事情到哪裡都一樣吧。只能盡量減少交集，保持距離。

奧田 遇到這種情況，學會「斷念」很重要吧！

中村 沒錯。人不可能輕易改變，我本來就不愛對人說教，只要與人保持最低限度的交流，就不至於出現嚴重焦慮。

奧田 原來如此。職場上，恒子醫師也是乾脆不多管閒事，決定自己的定位，盡量做好分內的工作。不過，冒昧再追問一下，要是免不了與難相處的對象共事怎麼辦？比方說，工作人員沒有確實做好交代的事，或是工作方式不妥當的話，該怎麼處理？

中村 遇到這種狀況，還是得想方設法妥善處理。首先，可以用溫和商量的語氣詢問：「我的看法是……，你覺得呢？」或是請教對方：「你的做法有什麼特殊理由嗎？」

如果一定要對方改變做法，不妨建議對方：「我覺得

當然會有個性不合的人，只能盡量減少交集，保持距離。如果一定要對方改變做法，用溫和商量的語氣詢問，不要用責怪的語氣。

這個方法好，你改用這個方法做看看好嗎？」總之，就是不要用責怪的語氣。

奧田　原來如此。不要一開始就把對方當成敵人，單方面指責對方，應該好好溝通，了解彼此的立場。確實如此，要是和對方鬧僵也沒有好處。無論在職場或是私下場合，首先都得好好傾聽對方的要求和意見。

身為企業健康管理顧問，我經常聽到職員抱怨上司。我發現，很多人根本沒有好好聽對方說話，就把自己封閉起來。待我找到該上司一問，對方往往吃驚表示：「我不記得那樣說過啊！」

中村　真是糟糕的誤會啊！

奧田　是啊！人際關係的壓力，往往源於溝通不足。首先，應該鼓起勇氣好好談談，試著達到共識吧。現在電子郵件和即時通訊都很發達，即使不想面對面談話，還是可以採取其他的溝通方式。

中村　沒錯沒錯！電子郵件確實很方便，要是面對面講不清楚，可以透過電子郵件，冷靜、有條理地與對方溝通。麻煩的聯絡工作，我也經常利用電子郵件。

要是想盡辦法溝通，還是無法解決問題的話，那就乾脆放棄吧！如果對方是工作夥伴，只能增加自己的工作量，把沒完成的部分補上，否則就換做別的項目，避開合作機會。總之，只能盡量減少雙方的交集！

奧田　恒子醫師透過這種方式，盡可能讓自己在職場待得舒適愉快，所以才能一直工作到九十歲吧！

中村　是啊！我和丈夫相處不如意，只能把精神寄託在職場上。人只要找到心靈寄託，總有辦法活下去！

08

世事大都是「結局好，一切就好」，找到精神寄託熬過去就好

奧田　找到舒適自在的容身之處，就足以維持內心的安定吧！對了，恒子醫師下班後，在家裡是怎麼調節壓力的？就算已經放棄改變丈夫這件事，回家後還是得面對丈夫吧。

中村　也是很剛好，因為我先生晚上一家喝過一家，都是深夜才回到家。我們不大會碰到面，真是太好了（笑）！不過，如果他喝得醉醺醺後回家，就會非常愛說教。我和兒子們商量好，輪流聽他說教。

由於我是職業婦女，兒子們在生活上都養成互助合作的習慣。我不打算改變丈夫，只想讓傷害降到最低。

奧田　原來如此。恒子醫師給孩子們滿滿的愛，所以他們都站在您這邊。因為有孩子們的支持，您與丈夫之間的衝突，才總算可以熬過來吧！

中村　是啊！把孩子們拉拔長大，這個目標支撐著我的工作和家庭生活。有句話說：「孩子是夫妻的橋梁」，我十分認同。因此，對於猶豫要不要生孩子的年輕夫妻，我都會建議他們生孩子。有了孩子，夫妻會成長很多，也會變得更堅強。

奧田　我深有同感。我在育兒過程中，曾經遭受懷孕歧視，也因為職場的人際壓力而煩惱。不過，為了養育孩子，我覺得不可以被打敗，所以就撐過來了！

中村　沒錯沒錯！找到心靈支柱或是寄託，就可以克服大部分的壓力。所謂心靈支柱或是寄託，不限於孩子，無論什麼都好，只要能夠讓你感受到生存的意義就好。

奧田　我曾經在門診遇到一名女性，她說為了維持音樂的興趣，就算在工作時遇到不愉快的事，都可以忍受下去。維持樂團的演奏活動需要錢，即使得面對討厭的上司，她也可以忍耐。

中村　沒錯。每個人的心靈寄託不一樣。只要有心靈寄託，就可以變得堅強。

奧田　我和恒子醫師的寄託，都是期待孩子們成長吧。我想再請教恒子醫師，當您的孩子長大後，您是如何與丈夫相處的呢？畢竟家裡只剩下您和丈夫兩個人了吧？

中村　這也很剛好，他年輕時很愛吵架，上了年紀以後，已經沒精力到處喝酒了，變得比較好相處。

奧田　原來如此。上了年紀，不只自己，另一半的精力也逐漸衰退，剛好就不容易產生衝突。這或許也是變老的好處吧。與人發生衝突，確實得耗費不少心力，一旦變老，與人摩擦的精力也自然減少。

中村　沒錯。都說人老了會變溫和，其實是與人產生衝突很麻煩吧（笑）！

由於我先生的脾氣明顯變好，我在兩個孩子結婚以

找到心靈支柱或是寄託，就可以克服大部分的壓力。不限於孩子，無論什麼都好，只要能讓你感受到生存的意義就好，就可以變得堅強。

後，也沒有跟他離婚。不過，他卻因為長年糟蹋身體，所以腦中風好幾次。最後，當我打算專心照顧他時，他卻因為胸主動脈瘤破裂過世。

我在上一本書中也提過這些事情，他死得很乾脆俐落，沒有給任何人添麻煩。我與我先生之間，真的發生很多不愉快，不過到最後是「結局好，一切就好」，真是不可思議！

奧田　「結局好，一切就好。」這句話真有道理！我在家庭和職場碰到的許多不如意，一想到經過漫長的歲月，可能會變成「好結局」，不禁覺得湧現希望！

09

朋友愈多愈好？這是偏見。交友愈廣闊，煩惱愈多

奧田　對於消除人際壓力，恒子醫師還有其他好辦法嗎？人際關係的煩惱，經常都是沒完沒了的呢！

中村　只能避免與個性不合的人相處吧！不知為何，人們總以為朋友應該愈多愈好，其實與愈多人交際，只會多出許多價值觀不合的朋友，相對容易生氣或情緒低落，根本沒有太大好處吧！

奧田　人際關係愈廣，煩惱也愈多，這是必然的吧！我也曾經到處開拓人脈，後來知道哪些人與自己合得來，開始過濾人際交往，人際關係的煩惱才變少。

現在，社群媒體非常發達，人們很容易建立大量浮淺的人際關係，這很麻煩。即使在網路上相談甚歡，見面後常常與想像中的完全不同。網路上寫的職業可能是虛構的，甚至連性別都不知道是真是假。現在這類浮淺的人際

避免與個性不合的人相處，合得來的人就進一步交往。其實與愈多人交際，只會多出許多價值觀不合的朋友，相對容易生氣或情緒低落。

關係大幅增加，使很多人增加壓力。

中村　真是難處理的情況！我從以前就很內向，青春時期又遇到戰爭，光是生存溫飽就已經竭盡全力。想多交朋友，或是一個人很寂寞，我根本沒空想這些事。開始工作以後，我也是來者不拒，合得來的人就進一步交往。我的朋友雖然不多，但是都相處得很好，幾乎沒什麼壓力。

奧田　確實如此！恒子醫師在醫局（醫院裡醫師齊聚的研究室）時，不會特別與誰在一起，總是一個人靜靜地坐著，要是有人過來攀談，就會一起愉快地聊天。

中村　我的處世風格就是這樣，很少主動約別人，但要是別人約我，有興趣我就會跟著去。別人找我講話，有時間我就會一起聊天。不知不覺中，有些人與我變成朋友長期交往，也有人只是點頭之交就斷了聯繫。活到這把年紀，我與人相處大都很自在。

奧田 聽了恒子醫師的話，我才知道我們被「必須拓展交際」和「必須廣交朋友」的觀念洗腦得多嚴重。

這個時代的社群媒體如此發達，更不該到處建立薄弱的人際關係。即使結識的人不多，也得看清楚哪些人真正值得交往。

10

與眾人打成一片是一種才能，
不是每個人都合得來，不用在意

奧田　從談話中，我覺得恒子醫師處理人際關係的祕訣，就是不要有多餘的欲求吧！比方說，想要結交很多朋友，一起熱鬧地度過愉快時光，您完全沒有這種欲求吧？

中村　與其說沒有欲求，其實與朋友打成一片這種事，也像賽跑或唱歌一樣，算是一種才能吧！我沒有那種才能。加上我在朝不保夕的時代度過青春時期，能夠保命和溫飽，就已經很滿足了。我們得以倖存下來，即使朋友少、覺得孤獨，都不是什麼大不了的事。

奧田　現在的人從小就覺得要有很多朋友，朋友很多是一件很棒的事。

在幼兒園和托兒所，老師會教小朋友唱歌詞有「等到一年級，可以交到一百個朋友嗎？」的歌。其實，很多人都有「朋友很少，很丟臉」的自卑感。

價值觀差異愈大，愈容易產生人際壓力。認識朋友是什麼類型，選擇與價值觀接近的人自然交往，這就是減少人際壓力的祕訣。

中村　竟然有這種事！我從來不覺得朋友少是丟臉的事。要是朋友真的多到一百個，會累死自己吧！

與別人相處的時候，自己想做什麼、想說什麼，多少都需要忍耐吧？對於不是十分合得來的人，還得擔心「我這樣講可以嗎？」，或是「我問了，沒關係吧？」要是有這麼多顧慮，不如一個人比較自在。

奧田　價值觀差異愈大，愈容易產生人際壓力吧！我也不擅長廣泛交友，喜歡與少數人建立安心踏實的關係。彼此深入了解，建立近似家人的感情，這才是「朋友」吧！

不過，有些人確實擅長廣泛交友，他們不追求與人建立深刻的連結，只要與他人有部分交集就覺得滿足，喜歡享受多采多姿的人際關係。

他們的價值觀與我這種類型的人完全不同，但無所謂誰好誰壞。只是，與價值觀完全不同的人往來，只會非常痛苦吧。認識朋友是什麼類型，選擇與價值觀接近的人自然交往，這就是減少人際壓力的祕訣。

中村　人際關係完全不必勉強。即使是交情非常要好的朋友，價值觀也不會完全契合。要是經常在一起相處，一定會發現彼此的差異吧。因此，我與朋友交往，都會保持一點距離，獨處比較逍遙自得。

11

人生而孤獨，
獨處的時間讓自己更充實

奧田　恒子醫師是獨處時完全不覺得痛苦的人呢！我們這個世代或更年輕的世代，很多人都覺得獨處很自卑，為孤獨感所苦。恒子醫師獨處的時候，是如何面對孤獨感的呢？

中村　我當然也會覺得孤獨。不過，孤獨是丟臉的事嗎？覺得孤獨很自卑，真是不可思議！我一直覺得，人本來就生而孤獨，要是沒有獨處的時間，我反而覺得很累。我需要獨處的時間，不必在意任何人，獨自做想要做的事情，靜靜思考。

奧田　恒子醫師從十六歲就自力更生，獨立生活到現在，說這種話真的很有說服力！我們必須修正「獨處很丟臉」、「孤獨很悲慘」等奇怪的成見吧。

中村　有這種成見，獨處時當然心情不好。

奧田　身為企業健康管理顧問和精神科醫師，我經常與各

人本來就生而孤獨，很多人或許在團體中看起來很愉快，其實是拚了命迎合別人，覺得很不自在。

個世代的患者面談。我發現，許多人都認定「孤獨不是件好事」。

舉例來說，一個人度過假日時，就會覺得「我是個寂寞的人」。在社群媒體上看到朋友與別人愉快用餐或出遊的照片，就會陷入自我厭棄。這種情況很常見，大學時期的我，也曾經這樣想。

中村　現在的人都喜歡自找麻煩嗎？別人怎麼過，沒有必要在意吧！很多人或許在團體中看起來很愉快，其實是拚了命迎合別人，覺得很不自在。獨處的話，根本不需要顧慮他人，日子反倒過得悠閒自在，不是嗎？

奥田　恒子醫師對別人非常細心體貼，經常顧慮別人的感受，所以更需要獨處吧！不善獨處，覺得孤獨很恐怖的人，其實可以改變想法，像恒子醫師一樣，覺得獨處很「輕鬆自在」就好。

我現在與家人一起生活，很少覺得孤獨，等孩子們獨立離家，我真的能像恒子醫師一樣享受孤獨嗎？我不大有自信。請問您都做些什麼事，把獨處的時間變得舒適自在的呢？

中村　弘美醫師講到重點了！正是這種「必須找事情做」的觀念，讓獨處的時間變得難熬。什麼事都不做也可以啊！我都放任自己偷懶，完全放鬆。我會無所事事地躺在沙發上，或是曬曬太陽、看看電視、發發呆。想到什麼事情要做，再慢悠悠去做就好。

奧田　原來如此。覺得一定要找事情做，時間沒有愉快地度過很可惜，這些既定想法往往讓人害怕孤獨。其實，不必在意任何人的眼光，悠閒自在地過日子就好。改變想法，孤獨也會變成一種享受吧！

中村　沒錯沒錯。只要捨棄那些既定觀念就好。現代人總是閒不得，總是覺得非得找事情做不可。是不是被時間逼得太緊了？

奧田　被時間追著跑，覺得「總得找事情做」的想法，或許與害怕孤獨有關。現代人的生活數位化，即使躺在沙發上，也要透過智慧手機或電視不斷地接收資訊，讓自己持續接受刺激。

要是讓自己放空，什麼事都不做的話，總覺得好像要被時代淘汰了。回顧以前還沒數位化的昭和時代，*我在家裡會悠閒地眺望天空的雲，搭電車的時候，看的不是手機螢幕，而是窗外的景色。這種「什麼都不做的時間」，以前多的是呢！

中村　我的時間感，確實和現在的年輕人不大一樣吧。我

＊約一九二七年至一九八九年間。

會用手機發送電子郵件，但是不會像年輕人那樣，用手機一直看新聞或動畫，我只從電視和報紙接收資訊。

我也不會透過社群媒體接觸別人的生活，所以無從與人比較。一人獨處時，時間悠閒流逝，不需要在意別人，可以度過十分愜意、悠然自在的時光。

奧田　恒子醫師的生活，簡直「遠離數位」、「遠離資訊科技」啊！我們這個世代，科技讓生活變得十分便利，但是經常被時間追著跑，一直被大量資訊轟炸。不知不覺中，居然忘了如何享受獨處的悠閒時光，以及療癒心靈的方法。其實，現代人對於獨處產生罪惡感和自卑感，也是受到社會整體氛圍的影響。

愈來愈多人害怕孤獨，或許是因為現代人的內心扭曲，才無法安然度過需要面對自我的獨處時間吧。我們應該慢下腳步，不追求過多的資訊和刺激，試著習慣悠閒獨處。

現代人對於獨處產生罪惡感和自卑感，也是受到社會整體氛圍的影響。慢下腳步，改變想法，孤獨也會變成一種享受。

中村　我贊同弘美醫師的看法。我在獨處時沒有什麼壓力，也不會在意別人在做什麼，經常只是單純發呆，也會突然想到什麼就去做。一切隨心所欲，非常自在。

對了！完全擁有自由的個人時間，也是孩子獨立以後，身為老人的特權喔！我在孩子長到差不多大，大概是我四十歲左右開始，偶爾會參加巴士一日遊的行程。除了我，還有其他獨自參加旅行的人，我們有時會在一起聊天，也是滿愉快的經驗。

奧田　我也曾參加徒步參觀遺跡的半日遊旅行團，除了活動活動身體，也增加了許多知識，真的非常愉快！最近，可以一人參加的旅行團似乎變多了呢。

中村　一個人說走就走的旅行很不錯！年輕時，我也曾拿參加學會當藉口，趁機跑到日本各地旅行呢！參加學會後順便一日遊，或者頂多就是外宿一兩晚的小旅行。

趁著腰和腿的狀態好，到處旅行增廣見聞，看到旅遊節目介紹自己去過的地方，令人覺得很開心！年過八十歲以後，體力已經衰退，光是看看旅遊節目，也可以重溫美好的體驗。

12

被一、兩個人討厭，有什麼好在意的？

奧田　恒子醫師曾有「不想被人討厭」的想法嗎？從以前到現在，日本人都非常害怕被人討厭吧？無論年輕人或高齡者，很多人都不想被討厭，於是壓抑自己，不講真心話，無形中累積了許多壓力。

中村　比起被人討厭，我當然希望被人喜歡啊！在我懂事時，左鄰右舍的往來比現在還要密切得多，要是被討厭孤立，根本就活不下去！

戰爭時期，言論控制也很嚴格，要是有人議論國家方針或發表反對意見，除了被討厭，還會被憲兵逮捕押送到看守所。不過，現在已經不是那種時代了。日本那麼大，隨便找一處喜歡的地方待著都行，根本不需要討所有人喜歡吧？

奧田　確實如此。現代人與社區的往來非常淡薄，隨時可以換工作，也可以自由選擇生活環境。與其壓抑自己、害怕被討厭，如果已經無法忍耐了，不妨遠離那些與自己不合的人吧！

中村　現在與我以前成長的環境不同，時代很和平，也可以自由移動，儘管按照自己的意思生活就好。日本不適合的話，也可以到國外生活啊（笑）！

我遇到的患者，很多都非常介意被人討厭。我都告訴他們：「就算被一、兩個人討厭了，有什麼好在意的？被討厭又不會死！」

奧田　沒錯！職場、學校或是媽媽友之間的相處，稍有一點意見不合，就會演變成人際問題。許多人因此情緒大受影響，變得非常沮喪。也有人因為喝酒聚餐沒有約他，或是被踢出群組，遭受到類似小學生霸凌的對待，就覺得很受傷。

中村 不管過了多久，日本人總愛用孤立的方式欺負別人。別人是別人，自己是自己，為什麼不能包容彼此的差異？

患者因為這類問題找我諮詢時，我都建議他們：「內心骯髒的人，不必勉強自己與他們交好。去找願意包容自己的人吧！」

奧田 我的看法也一樣。舉工作為例，職場不是交朋友的地方，目的只是工作賺錢，只要妥善維持工作相關的人際關係就好。如果遭遇嚴重的霸凌，目前也有明確的法令防治職場霸凌，只要向公司的人事部申訴就好。萬一無法制止霸凌和騷擾，那就趕緊死心換工作吧！

中村 主婦們的煩惱，好像也差不多。媽媽之間的交際，現在叫做「媽媽友」。我聽過很多相關煩惱，覺得這種人際關係真是麻煩啊。雖然叫做「媽媽友」，但也只是以孩子為中心，因為孩子才產生的人際關係。原本就不是純粹

內心骯髒的人，不必勉強自己與他們交好。去找願意包容自己的人吧！就算被一、兩個人討厭了，有什麼好在意的？被討厭又不會死！

的朋友關係，所以沒必要勉強成為真正的朋友。

覺得個性不合，維持點頭之交就好。如果想要保持距離，那也無所謂。孩子在學校自然會跟大家打成一片，不需要擔心。

奧田　媽媽友之間夾著孩子的奇妙關係，我完全無法融入，所以沒有與任何媽媽交好，就這樣我的孩子也長成高中生和大學生了。即使沒有交情好的媽媽友，也幾乎沒什麼困擾。

教養孩子的事情，我都請教女性前輩。至於學校的事情，直接請教導師就好。偶爾學校舉辦活動，也曾遇到個性合拍的人，少了孩子這層關係，反而變成純粹的朋友。

中村　我教養孩子的時代，情況也差不多。棘手的人際交往，就是最大的壓力源。

奧田　除了媽媽友，等育兒階段告一段落，開始發展興趣或參加義工團體時，也會遇到相同的情況吧。不必勉強自己受大家歡迎，只要想「要是遇到可以接受真實自己的人，那就太幸運了！」

中村　沒錯沒錯！尤其年紀愈大，什麼虛榮、算計，在意別人的眼光，還有討人厭的人際關係，最好都能夠清理乾淨。把心思和體力花在這些事情上面，不覺得很沒意義嗎？

13

上了年紀疲於應付人際關係？
找到對的人、用對的方式相處

奥田　與恒子醫師談到現在，才發現我們的既定觀念多麼沒意義，還有我們為了面子，產生多少不必要的人際困擾！

中村　雖然我成長在一無所有的時代，至少得到一些好經驗（笑）。

奥田　從意識到變老的五十歲開始，要是可以決心放下不必要的人際關係，就可以變得更輕鬆自在吧！

年紀愈大，身為社會人士的生活即將結束，孩子也即將完全獨立，需要守護的東西會變少。自然而然，不得不往來的人際關係也會變少。

中村　沒錯。年紀愈大，為了生活、育兒和家人而忍耐的事情會愈來愈少。

上了年紀，體力和精力都大不如前，沒有餘力再去經營沒必要的人際關係。勉強自己與人交際，只會覺得疲憊不堪。

奧田　隨著老化，體力和精力都會下降。用在人際關係的力氣，也必須調整成「節能模式」吧！

中村　比喻得真好！沒錯，就是「節能模式」。上了年紀，還把精力耗費在無意義的事情上，真的會很累。一把年紀要是有「一百個朋友」，簡直會讓自己死得更快吧（笑）！

奧田　遇到那種唯恐天下不亂，很愛誇大其辭的人，特別耗費精力！

中村　是啊！我在人生的辛苦時期，特別留意自己接觸的人。精神科醫師的工作，必須傾聽各種患者的煩惱，有些人總愛拿自己的不幸，與別人互相取暖，藉以確認連帶感。和這類人過度接觸，精力都會被奪走。

奧田　確實如此！無論何時，最好與這類人刻意保持距離。就拿最近的新冠疫情來說，有些人對疫情過度恐慌，還硬要把不安和恐懼強加在別人身上。

面對這類人，我從醫學的立場告訴他：「用不著這麼害怕，不要擔心。」不知為何，他反倒很不高興。這類人的本質，就是要別人也像他一樣擔心不安，與他建立負面的連帶感。

在任何團體與組織裡，總愛講別人壞話和閒話的人，以及凡事愛抱怨的人，都是相同心理。他們非得讓別人也和自己一樣，充滿負面情緒。

中村　無論以前還是現在，團體裡總會有一、兩位這種人。如果不和他們保持適當距離，精力就會被消耗殆盡。

奧田　沒錯，一定要小心。如果情況許可，最好不要與這類人往來。萬一不可避免在職場上有交集的話，恒子醫師都怎麼做呢？

勉強自己與人交際，只會覺得疲憊不堪。留意自己接觸的人，與負面心理的人保持適當距離。

中村　總歸一句話，就是不要隨之起舞。盡可能表現得不感興趣，對方就會覺得「跟這個人講話都沒有反應，真無趣！」，自然就不會靠近了。

奧田　原來如此！意思就是聽到負面的話題時，不要再煽風點火了吧。

　恒子醫師真懂如何與人保持距離呢！您與住在隔壁的兒子和媳婦，也都一直保持著適當距離吧。

中村　我本來就習慣獨處。一直以來，我完全不干涉兒子和媳婦的生活。

　丈夫過世以後，我仍然繼續工作，我們有時甚至好幾週不見面。腳骨折以後，我就一直待在家裡。即使如此，我們也只是一週一起吃兩次飯而已。

奧田　我的孩子還沒結婚。不過，我在門診時，經常遇到為婆媳問題所苦的高齡者。會對孩子夫妻過度干涉，引發衝突的人，大都是怕寂寞、依賴心很重的人。

因為寂寞所以渴望關注，自己一個人很不安，所以想依賴孩子夫妻倆。如果能像恒子醫師一樣，在工作上和生活上都自得其樂，就可以安心了吧！

中村 這種情況就像小孩子吵著「理我、理我」一樣，藉此博取關注吧！面對任何人際關係，與其凡事都想插一腳，不如等對方主動拜託，我們再笑著接受和協助就好。用這種方式待人，人際關係會比較順利一點。對待兒子和媳婦，以及職場的年輕同事，我都是用這種方法。

奧田 也就是站在被動的立場守護別人吧！無論是個性積極，還是交友廣闊，上了年紀以後，最好能夠放下耗費精力的人際關係，並且稍微改主動為被動。

14

純粹只有印刷字的賀年卡
是無意義的交際，
慢慢清除不必要的社交關係

中村 我從年輕時代開始，都是用「來者不拒，去者不追」的態度與人交往。即使如此，在職場工作，表面的人際關係總少不了。

賀年卡的往來，我在七十歲以後就慢慢減少，現在則是完全停止了。

奧田 說到這裡，恒子醫師總是過了一月十五日才回信給我呢（笑）。

中村 收到賀年卡後，我只挑親近來往的人回信。如此一來，那些因為人情義理或基於社交禮儀來往的人，就會逐漸減少交流。方便得很！

奧田 確實如此。那種一整年沒見過一次面的人，寄來全部都是印刷字的明信片，收到了也不會覺得高興。簡直浪費回信的時間、金錢和資源。

上了年紀，無論任何事，對自己和對別人，都要把精力花在有意義的事情上。保持距離，就是人際相處的祕訣。

中村　在職場工作，免不了會有基於社交禮儀或人情義理的往來。上了年紀，無論任何事，對自己和對別人，都要把精力花在有意義的事情上。

奧田　浮淺的人際關係，從六十歲開始，最好慢慢清理一番才好。

中村　人一旦變老，更可以隨心所欲地生活吧！我最近愈來愈懶，連電話都很少主動打給別人，心血來潮才會寫一下電子郵件。

奧田　恒子醫師這個年紀還會用電子郵件真了不起！

中村　電子郵件很方便，不必像講電話那樣，一直顧慮對方的心情，也不會花很多時間。我可以愉快地做自己的事，社交辭令也省了，只寫自己想講的話就好。住在遠處的弟弟和朋友們，我心血來潮就寫電子郵件向他們問好（笑）。要是想要好好聊一下天，就找彼此都方便的時間打通電話好好聊聊。

奥田 人際關係開啟節能模式，與合得來的人保持不遠不近的關係，這就是中村流的交際模式吧！

中村 沒錯沒錯。與別人靠得多近，就會產生多少壓力。

有人說家人是例外，其實結果一樣。保持距離，就是人際相處的祕訣。想要減輕人際交往的壓力，就與人保持適當距離，和孤獨做好朋友吧！

奥田 要是像恒子醫師一樣，可以愉快地享受獨處時間，就會知道哪些人真正值得交往，那就輕鬆多了。年過五十歲，體力和精力都逐漸下滑，應該多一些時間獨處，並且習慣孤獨，至於那些流於表面的人際關係應該慢慢遠離。

六十歲面臨退休，要和真正接納自己的人舒服自在地交往，度過清閒平靜的老年生活！

第3章

不讓「過去」和「未來」占滿思緒

15

為何莫名不安？
來自與他人無謂的比較

奧田 日常生活有時會突然湧起一些不安情緒，我想請教恒子醫師的看法。我在精神科門診或在企業接受心理諮詢時，無論年輕人或年長者都曾表示：「不知為何，總會因為一些小事感到不安。」

中村 所謂的「小事」，是指哪些事呢？

奧田 舉例來說，很多人對現狀感到不安，覺得「我這樣下去可以嗎？」前陣子，一位在大企業工作、年近五十歲的女性因為失眠找我諮詢。她在工作上和生活上都沒什麼太大的壓力，夫妻倆沒有孩子，生活過得還算如意，也沒有金錢方面的煩惱。

　對於工作，她沒有什麼特別大的目標，也沒什麼特殊期望，只希望一直工作到退休就好。年過四十五歲，她卻突然覺得不安，質疑自己「這樣下去可以嗎？」，然後就失眠了。

中村　工作、金錢和家庭都很如意的話，那不是很完美嗎？我們這個世代經歷過戰爭，多麼拚命想要得到安穩的生活！

奧田　不過，要是生活過於安穩、一成不變，好像也會覺得不安吧？那位女性表示，她聽到同輩的同事們熱烈討論孩子求學的艱辛，於是覺得不安。

中村　也就是說，她覺得沒有孩子的人生很不安？

奧田　沒有孩子這件事她倒沒有很在意，他們夫妻倆原本就沒有積極想要孩子，覺得「順其自然就好，有了孩子也好，沒有孩子的人生也不錯」，一直以來都很滿足。

中村　既然如此，為什麼感到不安呢？

奧田　那位女性表示，其他同世代的人經歷的辛苦和經驗，她都沒有，總覺得很不安，不禁對自己選擇的人生產生懷疑，不知道日後何去何從，所以陷入煩惱。

中村　原來如此啊。雖然不後悔沒有孩子，卻很介意自己沒有育兒經驗，不曾經歷過教養孩子的辛苦。這就是無意中拿他人與自己比較的心理吧！

奧田　並非羨慕別人擁有的東西，只是覺得自己沒有好像很奇怪，才會突然產生不安感。

中村　其實，我也遇過類似情況的女性患者，是一位家庭主婦，育有一子，生活很如意，可是卻會莫名不安，曾在我這裡看診過一段時間。

奧田　那位太太，難道也無意中拿別人與自己比較了嗎？

中村　是啊！與弘美醫師的案例剛好相反，她是拿職場的人與自己比較。她說：「育兒工作告一段落後，我找不到特別熱中的事，也對社會沒有貢獻，總覺得很不安……。」

奧田　恒子醫師給她什麼建議呢？

別人是別人，自己是自己，要是對自己的人生不滿足，那就開始做一些改變吧！

中村　我告訴她：「沒什麼不好啊！把孩子養育成人，就已經完成相當了不起的工作了！」「只要對自己的生活，以及一路走來的人生感到滿足，這就夠了吧？別人是別人，自己是自己，要是對自己的人生不滿足，那就開始做一些改變吧！」

奧田　對剛才提到的那位女性患者，我也給了類似的建議。我告訴她：「人生沒有十全十美，每個人的人生都有各自的不完美。一直在意自己的不完美，只會陷入後悔和不安。多看看自己擁有的東西，還有成就的事物吧！」我請她把自己擁有的東西，還有以往完成的事寫下來。

中村　原來如此，真是好建議！

奧田　我們還一起找出不安的來源。我問她：「妳為什麼覺得不安？」，請她進一步思考「有了什麼，不安就會消失？」

透過這個方法，我們發現，她不安的來源是：「上了年紀以後，要是丈夫比自己先離世，就會變成孤單一人。雖然不必辛苦教養孩子，但是年老可能會很孤獨……。」

中村　即使是莫名的不安，還是可以找出源頭吧！

奧田　知道她的不安來自「害怕年老變成孤單一人」，我請她進一步思考如何消除不安。她的答案是：「找到可以交往一輩子的好朋友。」

那位女性表示，她雖然有朋友，但是交情都不深。她一直待在職場，建立的都是淺薄的人際關係。

她想到，某位朋友一直邀她參加義工活動，於是決定加入義工活動。她們每個月定期碰面，彼此的關係變得更親近，還認識了其他新朋友，漸漸地就不再那麼感到不安了。

中村　那真是太好了！我先前講過，上了年紀如果還得應付表面上的社交，只會徒增壓力。不過，要是擁有真正意氣相投的朋友，老了心靈也有依靠吧。我有幾位這種朋

人生沒有十全十美，每個人的人生都有各自的不完美。多看看自己擁有的東西，還有成就的事物吧！如果可以，進一步「尋找不安的源頭」，採取行動解決會更好。

友，彼此交往了數十年之久，偶爾講講電話也很愉快。

奧田　恒子醫師耐得住孤獨，不靠朋友排遣寂寞，這也是與朋友保持良好關係的祕訣。要是整天黏著朋友，愈容易看到對方的缺點吧。

話說回來，當莫名的不安感來襲時，一定要先確認「是否無意中拿別人與自己比較」，提醒自己「不要只糾結於人生的不完美。」如果可以，進一步「尋找不安的源頭」，採取行動解決會更好。

中村　沒錯。當你忙著採取行動時，可能根本沒空覺得不安呢！

16

人的天性愈到夜晚愈不安，刻意保持忙碌，就沒有閒工夫胡思亂想

奧田　保持適當忙碌，確實能讓自己「沒空覺得不安」。雖然過度忙碌會讓身心疲憊，如果太閒，也容易產生不必要的不安。

中村　我喜歡悠閒享受獨處時光，或許是因為我長時間忙於工作吧！要是我一整天都很空閒，或許就會瞎想一些無意義的事，然後陷入煩惱吧？

奧田　周旋在人與人之間忙碌工作，反而渴望一個人獨處放空。要是空閒時間太多，一直冒出不安的念頭，不妨去打打工、培養興趣，或是做做義工，讓自己保持忙碌。

很多人都知道，人愈到夜晚愈容易不安。如果白天非常忙碌，晚上往往就是倒頭就睡了。年輕時期的恒子醫師，完全就是這種模式吧！

中村　我們那個年代沒有方便的超市和超商，處理家務的

有充足時間面對自我，這是好事。意識到自己過度擔心未來，或糾結在無意義的煩惱時，不妨投入工作，讓自己無暇胡思亂想，或是做做家事活動活動身體，把煩惱拋在腦後。

時間要比現在多出好幾倍。下班後，得先到商店街買食材，再回家做晚餐，之後還要洗衣服、燙衣服和縫補衣服，時間一下子就過了！現在生活便利，所以有太多時間可以東想西想吧？

奧田　我覺得就是這樣！人要是太閒了，就會開始煩惱不可知的未來，或是回想不可能改變的過去，不斷折磨自己。我也是一樣，一旦陷入情緒就難以脫身，白白浪費時間。

中村　現代生活豐衣足食，人們有充足的時間面對自我，這是好事。不過，連煩惱的時間也變多了。

意識到自己過度擔心未來，或是糾結在無意義的煩惱時，不妨投入工作，讓自己無暇胡思亂想，或是做做家事活動活動身體，把煩惱拋在腦後。方法只有這樣吧。

奧田　最近新聞每天都大肆播報疫情，令民眾更加不安。比起這波疫情，恒子醫師在青春時期經歷了更恐怖的戰爭吧。

中村 處於戰爭時期，那種看不到未來的感覺，確實不是現代人能夠體會的。我們每天只能拚命做好當下的事。

奥田 所有日本人都奉行「一億玉碎」的口號，捨命想要贏得戰爭嗎？

中村 沒有，從戰爭一開始，我就覺得會戰敗。日本怎麼可能打贏美國，稍微思考一下就知道吧？

當時不少人覺得日本會戰敗，但說出口就好比叛國，會被大家排擠孤立，所以沒人敢說日本會輸。當時的我們，都看不到光明的未來。

奥田 即使如此，恒子醫師十六歲從女子高中畢業後，馬上隻身從廣島的尾道市搭火車前往大阪，就讀大阪女子高等醫學專門學校。您怎麼有這麼大的勇氣和行動力？

中村 雖然不知道未來會怎樣，但是人總得吃飯，然後活下去。未來會怎樣，我就聽天由命吧！總之，我只考慮眼

人要是太閒了，就會開始煩惱不可知的未來，
或是回想不可能改變的過去，不斷折磨自己。
「專注當下，活在當下。」

前的事，想辦法養活自己。

　我家很窮，還有兩名年幼的弟弟，我只能自己想辦法賺錢。當時，我舅舅說要幫我出學費，我要是當了醫生，就可以養活自己，所以下定決心去大阪。

奧田　原來如此。就是不想未來，只考慮現在要怎麼活下去。「專注當下，活在當下」，這種想法也適用於現代。

　前幾年開始，興起佛教的「正念冥想」風潮。這種正念冥想，讓人把糾結於未來和過去的心思「拉回當下」，然後活在當下。

中村　大概就是這樣。在戰爭時期，感嘆失去的東西，或是憂慮未來的事情，都沒有意義。我們每個人，只想過好每一天和每個當下。

　因為沒飯吃，只能拚命想辦法養活自己。為了活下去，每天都竭盡全力。

奥田　現代人如果遭遇到相同處境，應該活不下去吧？換作現在，看到新聞播報疫情擴大，我們也不能一直陷入不安，必須集中精神處理工作和家事，好好珍惜與家人相處的時間。

中村　沒錯。與戰爭時期比起來，現在的情況好太多了。不會空降炸彈，也不必擔心沒得吃、沒得住，整個社會也不至於崩潰。面對遭遇空襲摧毀殆盡的街道，日本人仍然頑強地生存下來，還把日本重振起來。要更加相信我們很堅強！

奥田　總覺得心情撥雲見日了！與恒子醫師在青春時期遭遇戰爭非生即死的處境相比，現在的疫情彷彿不值一提。

中村　沒錯沒錯。人只要吃飽睡好，就能夠活下去。重視眼前的每一天，好好活下去，太陽依舊升起。

17

陷入憂慮未來、懊悔過去的時候，
利用冥想把心拉回現在

中村　弘美醫師剛剛提到「正念冥想」，可以詳細說一說嗎？我有興趣。

奧田　所謂「正念」，簡單講就是「用心覺察當下」。引導大家將受困於過去和未來的煩惱心緒「拉回當下」，專注於當下。

中村　原來如此。人只要稍微疏忽，心馬上就會飛到別的地方去吧！

奧田　在我的心目中，恒子醫師是正念的最佳實踐者。身處戰爭的悲慘時代，您也沒有被不安擊垮，一心「考慮當下」，存活下來。

戰爭結束後，您想辦法與愛喝酒的丈夫相處，直到九十歲為止，一直恬淡地做好當下的工作。

中村　我只是為了活下去，不得不這樣做（笑）。或許因為在青春時期遭遇戰爭，我養成不過度煩惱的習慣。

擔心明天的事沒有用，後悔昨天的事，時間也不會重來。所以，我乾脆看開！戰中派*的堅毅性格，就是源於這種時代背景。

奧田　隨著生活富足，不只電視，還有網路和手機，資訊就像洪水般大舉入侵日常生活，更難像您一樣專注於當下了。

由於聳動的資訊較容易吸引到用戶關注，供給者也樂於提供這類內容，這也是問題所在。因此，能夠學會活用冥想，使自己保持正念的方法很受關注，精神科也開始運用這類心理療法。

中村　原來是運用冥想讓心靈保持正念啊！是不是像禪宗的坐禪呢？

＊　在戰爭時期度過青春時代的人。

奧田 與坐禪有類似之處，但是在日常生活中，都可以做這種練習喔！比方說，深呼吸也可以做正念冥想。

仔細感受空氣從鼻子吸吐的流動，緩慢吸氣，感受腹部逐漸隆起。吐氣的時候，也仔細感受腹部消下去的過程，一邊意識到空氣流動，一邊吐氣。

處於這種身體狀態，集中精神深呼吸，逐漸屏除雜念，把心留在當下。

中村 原來如此，深呼吸也可以做正念冥想，意外簡單呢！

奧田 是的。還可以藉由進食做正念冥想喔！首先，在把食物放入口中之前，先用嗅覺、視覺和觸覺，確認食物的味道、顏色和形狀。以麵包來說，先慢慢觀察顏色和形狀，盡可能端詳麵包的表皮、凹凸和色澤。然後，把麵包拿到鼻子前面，細聞它的香氣。

再慢慢地把麵包放入口中，不要馬上咀嚼，先用舌頭

「正念」，簡單講就是「用心覺察當下」。深呼吸、進食都可以練習正念冥想。在日常生活中運用正念冥想，可以減少不安和懊悔，使人專注於眼前事物。

體驗一下味道和觸感，感受香氣蔓延。之後，一邊細嚼慢嚥，盡可能感受味道和形狀的變化……這種方式就是「飲食冥想」。

中村　原來如此，就是運用五感，專注在吃東西這件事上。

奧田　沒錯。有意識地運用五感，把心喚回當下，專注於當下，心思就不會飛到未來或過去。在日常生活中運用正念冥想，可以減少不安和懊悔，使人專注於眼前事物。

中村　原來如此！我每天忙東忙西，沒時間悠閒享受生活，自然只能思考當下的事。現代人生活富足，才必須想辦法把心思拉回當下。

18

睡眠、均衡飲食和夜晚的放鬆時間，都是心靈的養分

中村 弘美醫師也會想辦法「專注於當下」嗎？

奧田 老實說，我也很愛瞎操心，才會一直提醒自己要專注當下。我在日常生活中建立一套模式，避免把未來的事想得過於悲觀。

中村 弘美醫師確實是心思細膩的人。我的成長環境養成我不愛操心、比較悠哉的個性，這也是好事。不過，一般人普遍容易操心，應該想知道身為精神科醫師的弘美醫師，是否有調節身心的好辦法？

奧田 首先，睡眠最重要。睡飽七個小時，精神狀態最好。要是睡眠不足，隔天一定情緒不好，負面思考也變多。睡眠醫學已經證實，充足的睡眠可以消除大腦的疲憊，使得情緒穩定。睡眠期間，討厭的情緒和不好的記憶會變淡，隔天早上起床，心情就會積極正向。

中村　原來如此。我也很重睡眠呢！

奧田　飲食也要注意。肉、魚、蛋和大豆製品等蛋白質，以及蔬菜水果等維他命和礦物質，加上適量的碳水化合物，一天至少要吃兩餐。如果飲食均衡，大腦會分泌安定情緒和提振精神的「血清素」和「多巴胺」。充分攝取營養，有助於保持正向情緒和行動力。

中村　很科學的生活方式呢！我們這個世代只要有得吃就好了，現在的時代真棒！不過，似乎有愈來愈多年輕人罹患憂鬱症，怎麼會這樣呢？

奧田　擔任精神科醫師或企業管理顧問時，我都遇到許多勞動世代的憂鬱症案例。現代人不懂得切換「ＯＮ」和「ＯＦＦ」，一直處於「ＯＮ」的狀態，所以容易出現憂鬱情緒。

中村　所謂「ＯＮ」和「ＯＦＦ」，是指「活動」和「休息」嗎？

奧田 簡單講就是這樣。現在電腦和智慧手機非常便利好用，即使回到家，也可以持續工作和保持聯絡。因此，很多人無法從工作模式切換到休息模式。

加上社群媒體蓬勃發展，很多人即使回到家，還一直與不熟的人維持交際，接收不必要的資訊，不知不覺衍生出比較心態。

中村 那樣的話，身心都無法放鬆吧！我年輕的時候，一旦從醫院下班回家，只會與家人聊天，晚上也不大會有工作的電話，自然可以遠離工作和其他人。

在職場工作，難免會在意別人，也可能聽到不想聽的話，所以會有壓力。不過，一旦離開職場，我就把工作完全放下。

回到家之後，我會放下醫生的身分，好好處理家事。

現代人不懂得切換「ON」和「OFF」，一直處於「ON」的狀態，所以容易出現憂鬱情緒。重點就是調節和均衡，生活要張弛有度。

如果晚上還得與別人交際，精神也會受不了。

奧田　我不在網路上與不熟的人交流，晚上也只跟家人與好朋友相處。我會過濾接收的資訊，調整人際交往的分際，讓自己的內心保持平靜。

中村　太閒覺得不安，太忙又會憂鬱，現代人真辛苦啊（笑）！

奧田　重點就是調節和均衡吧！身心忙碌的工作時間，與獨自放鬆發呆的休息時間，生活要張弛有度。如果像恒子醫師一樣，上了年紀也維持均衡的生活步調，就可以常保身心健康。

19

當自我厭惡來襲時，
告訴自己「算了吧！」，趕緊睡覺去

奧田　恒子醫師，日常生活中突如其來的不安感，還有一種很棘手的「自我厭惡感」吧！

中村　門診時，我確實遇過「自我厭惡」的人。

奧田　我也一樣，經常責怪自己為什麼無法把工作做得更好，或是為什麼無法與人好好相處。當自我厭惡感來襲時，就會完全失去自信，愈想愈痛苦。

中村　我年輕時也常自我厭惡，現在偶爾也會啊！

奧田　恒子醫師是精神科醫師的資深大前輩，連您也會自我厭惡、失去自信嗎？我覺得比較安心了！恒子醫師遇到這種情況，都是怎麼處理的呢？

中村　我本來就沒什麼自信，也不覺得需要自信。我覺得「我的能力只有這樣」，所以失敗沒什麼好奇怪的，沒法與人好好相處也很正常。

不過，非常不如意的時候，我還是會自我厭惡。這種時候，我就會喝一杯酒，然後上床睡覺！我都是這麼做的。

奧田　哈哈哈！真有恒子醫師的風格啊！不過，您剛剛講到一個重點，就是「沒有自信也沒關係！」

當我們失去自信時，愈容易陷入自我厭惡。

中村　一直想著事情做不好或失敗的事，才會出現自我厭惡吧？要是覺得自己本來就沒什麼了不起的，就算遭遇失敗，也會覺得沒什麼，原諒自己。

失敗後意志消沉，無論怎麼想也不會出現正面想法。我會告訴自己：「這次就算了！下次再加油。總之，先睡覺吧」，然後倒頭就睡。

奧田　恒子醫師的情緒轉換好迅速啊！

中村　經歷戰爭活到現在，說不定變得神經大條了吧！在那個時代，要是因為自我厭惡而裹足不前，就沒飯吃了！

奧田 「這次就算了！下次再加油。總之，先睡覺吧」，這句話真棒！我也要立刻付諸行動。不過，自我厭惡感說來就來，一下子就把人困住，真的很傷腦筋。

中村 沒錯。那是突如其來的感覺，沒辦法預防。不過，不要想太多，趕緊睡覺的話，通常會像弘美醫師說的那樣，隔天心情就會變好。搞不好，還會忘記為什麼不愉快了呢！

奧田 晚上心情不佳，趕緊睡覺最好。白天的時候，要是突然產生自我厭惡感，無法擺脫負面念頭，我會看看喜愛的連續劇或電影轉換一下心情。

影像有不可思議的力量，即使陷入自我厭惡，觀看最喜愛的連續劇、電影或動漫，不知不覺就會轉移注意力，幫助心情變好。

中村 還能夠這樣轉換情緒啊！真方便！

一旦陷入自我厭惡時，就是不要想太多，晚上就「趕緊去睡覺」，白天就做「可以集中注意力的事」，設法轉換心情就好。

奧田　我喜歡看充滿正能量，能讓心情變好的連續劇和電影。

不過，每個人的做法不一樣。有些人會盡情運動和跳舞，有些人會聽喜歡的音樂，把音量放大一點。

雖然每個人的做法不同，一旦陷入自我厭惡時，就是不要想太多，晚上就「趕緊去睡覺」，白天就做「可以集中注意力的事」，設法轉換心情就好。

20

每個人都長得不一樣，
別人的人生與自己的人生本來就不一樣

奧田　大家經常誤以為，只有自己會陷入自我厭惡，其實每個人都會。

受人羨慕的人也有自卑之處，受到刺激才會表現出來。尤其突如其來與他人比較時，就會顯現出來。

中村　是啊！與他人比較這種事，絕對要避免。若不是產生自我厭惡，就是產生「我比他人優秀」這種傲慢心態。不管怎樣，比來比去絕對沒好事。

奧田　沒錯！還有社群媒體。看到別人的貼文，不自覺就會比較。

尤其當自己過得不如意時，就會在意那些比自己優秀的人，羨慕別人擁有自己沒有的東西，覺得他們很幸福……。

中村　「今天做了什麼」、「與誰見面」、「與親朋好友度過

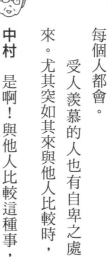

與他人比較這種事，絕對要避免。若不是產生自我厭惡，就是產生「我比他人優秀」這種傲慢心態。大家應該了解，別人與自己長得不一樣，他們的人生當然也與自己的不一樣。

愉快時光」等等，這些事都公開給別人知道嗎？

奧田　沒錯。有些人會每天詳細報告自己的生活，但有些人則是在發生好事，或是想要炫耀時才會發文。

中村　真是令我無法想像啊。洩漏太多私事，或是知道太多別人的事，都不是好事吧！

現在大家都流行這麼做，就算不特別想要知道別人的事，也會在無意中看到。

奧田　所以，不知不覺跟別人比較，產生自我厭惡感的人也變多了。

中村　大家應該了解，別人與自己長得不一樣，他們的人生當然也與自己的不一樣。有些東西別人有，我們沒有，但有些東西我們有，別人沒有啊！

想要比較差異，怎麼比都比不完的吧！什麼都要在意的話，不就一天到晚都在難過？

奧田 現在可以輕易得知別人的生活和一舉一動，所以更應該停止比較。

除非工作等必要情況，最好不要沒事就一直瀏覽社群媒體。

心情好的時候，適度瀏覽社群媒體當作消遣無妨；心情低落的時候，就要避免一直接觸社群媒體。

中村 沒錯。經常關注別人的生活，就會不知不覺比較，這對心理健康有害無利。

奧田 不只在現實世界，在網路上，也應該與人保持適當距離。

21

人生的「正確答案」，結束才知道。只能拚命做好眼前的事

中村　與人比較沒有意義，其實還有一個主要理由。

奧田　什麼？

中村　自覺比別人差或不夠好，這種想法往往只是偏見。

在我們眼中，別人好像都比自己優秀、完美。不過，我聽過太多案例，無論環境有多好，或是看起來多麼幸福，其實都有自己的煩惱和自卑之處。每個人都有煩惱，沒有例外。完全幸福的人，少之又少。

奧田　確實如此。即使是交友廣闊、生活多采多姿的人，也會因為沒幾個真心的朋友，內心覺得孤獨。在工作上備受矚目、大放異彩的人，不少是因為家庭不美滿，為了逃離家庭，只能把全副心力投注在工作上。

中村　沒錯。而且消沉也只是一時的，不會永遠持續下去。我至今遇過很多人，沒見過永遠一〇〇%幸福的人，

無論環境有多好，或是看起來多麼幸福，其實都有自己的煩惱和自卑之處。每個人都有煩惱，沒有例外。「塞翁失馬，焉知非福」，拚命做好當下該做的事吧！

也沒見過永遠一〇〇%不幸的人，因為人生時刻都在變化。

奧田　這正是佛教所謂的「諸行無常」吧！沒有永遠不變的東西，一切事物隨時都在改變。眼前的幸福不會永遠持續下去，痛苦也終會結束。

所有事物確實都處於變化狀態，自己的生活方式是對是錯，是幸福還是不幸，就算當下勉強下定論，以後會怎樣誰也不知道。

中村　沒錯沒錯！我活到九十三歲，可以肯定人生沒有所謂的正確答案。大家常說：「塞翁失馬，焉知非福」，當下覺得幸運的事，後來可能引發不幸。反之，即使發生倒楣的事，幾經周折也可能走向幸福。

我們能做的，就是拚命做好當下該做的事吧！

奧田　盡力做好該做的事，無論變成什麼結果，當下都已經做了最好的選擇。

22

不照顧身體，身體就不聽使喚，心也是一樣，不好好對待就會罷工

奧田　每個當下，我們都會做出最有利的選擇。即使迷惘不安，最後還是會行動。

不過，要是沒有達到預期的結果，就會責怪自己「怎麼會那樣做？」，「當初要是選擇別的方法就好了！」

中村　是啊！要是結果不如預期，不自覺就會自責。不過，與其過度否定自我，不如多少放過自己。反省是該反省，但是應該停止過度自責。大家經常忘記一點，最好的朋友就是自己啊！

奧田　日本人覺得謙虛是美德，即使成功也不會大方誇獎自己。要是失敗，多數人卻會自責到底。不過，過度自責只會讓人失去前進的動力。

失敗時，先反省、分析原因，妥善吸取教訓，下次盡力做得更好。一定要保留前進的動力，不妨安慰自己：

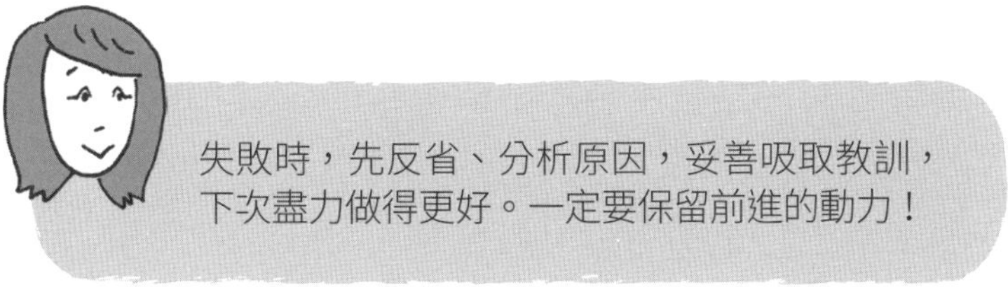
失敗時，先反省、分析原因，妥善吸取教訓，
下次盡力做得更好。一定要保留前進的動力！

「當時已經做了最好的決定，就算了吧。」

中村　就像前面提到的「塞翁失馬，焉知非福」，失敗會變成寶貴的經驗，搞不好其實是好運呢！

不要深陷自責和懊悔，像我一樣盡人事聽天命，累了就趕緊去睡吧！

奧田　恒子醫師睡一覺什麼事就沒了，真令人羨慕（笑）！我也一樣，遇到解決不了的事，乾脆好好睡一覺。

無論如何都睡不著，睡了也很淺眠，會醒來好幾次，早上起床精神很不好，每天都憂鬱痛苦……這就是心理失調，一定要找我們精神科醫師或身心醫學科醫師求助。

中村　沒錯！過度自責也是憂鬱症的典型症狀。要是想盡辦法也睡不好，一定要及早就醫。

日常生活中無由來的自我厭惡感或自責情緒，只要好好地睡上一覺，就會改善很多，甚至消失無蹤。所以，不要太糾結了，前面也有提到，要當自己最好的朋友。

奧田 人即使再討厭自己，也會好好吃飯和洗澡，把自己照顧好，這是基於人的本能。

我們的身體，有超過四十兆的細胞不眠不休工作，才能維持運作，只有自己才能好好愛護這些細胞。心和身體一樣，要是不當自己最好的朋友，就無法健康運作！

這樣講，好像否定了「為人父母後，自己的事擺第二，孩子最重要！」的看法。不過說到底，這也是因為父母不忍心看到孩子露出悲傷的表情吧（笑）！

中村 總之，對於自己做的事，不必一味判定是非對錯、斷然評價。幸福與否、人生成功與否，不必過度糾結，因為「幸福」與「成功」無時無刻不在改變。

奧田 只要睡好吃好，照顧好自己的身心，面對工作和家庭，淡然地把眼前的事情處理好就好。如果過度自責，讓

不要深陷自責和懊悔，盡人事聽天命。幸福與否、人生成功與否，不必過度糾結，因為「幸福」與「成功」無時無刻不在改變。要當自己最好的朋友！

自己失去處理眼前事物的動力，豈不是本末倒置了？

中村　說得很對。與其過度自責，不如對自己好一點，才能持續獲得前進的力量。

專欄 2

維護身心健康，需要良好的睡眠和飲食

睡眠和飲食，除了影響身體，還與精神和心理安定極為相關。為了維護身心健康，本篇整理了睡眠和飲食的基本要項，請大家一定要在日常生活中多多實踐。

睡眠的基本

- 每天盡可能連續睡六～七小時以上（高齡者約為五～六小時）。
- 要是沒有睡好，隔天盡可能早點回家睡覺，盡早償還「睡眠債」。
- 週六、日等休假日，為了償還累積一週的睡眠債，可以

多睡二～三個小時，但要在中午前起床。如果過午才起床，生理時鐘會被打亂，隔天會很辛苦。

- 睡前喝酒可以助眠，但可能會影響睡眠品質，所以要適量。晚上喝酒要節制（啤酒為五百毫升，紅酒為兩杯，日本酒為一百八十毫升），而且要在睡前二～三小時喝完。
- 傍晚五點以後，咖啡、紅茶和綠茶等含咖啡因飲料不能過量。
- 睡前玩遊戲、使用智慧手機和瀏覽網頁不利於優質睡眠，所以睡前一、兩個小時應該避免。

飲食的基本

- 蛋白質（肉、魚、蛋和大豆製品）可以消除疲勞，碳水化合物（麵包、米飯、麵類、薯類和玉米）是大腦和身體的能量來源，加上油脂（奶油、橄欖油和沙拉油等）

和協助身體吸收營養素的蔬菜、海藻和水果，這些食物都必須均衡攝取。

- 盡量吃早餐。吃了早餐體溫會上升，身體也開始運作，有助於提升動力和集中力。沒空吃早餐的人，可以喝牛奶（拿鐵也可以）或是吃香蕉，總之得吃點東西。
- 即使正在減重，也要避免極端偏食。

　不吃醣類的「斷醣飲食法」，或是不吃動物性蛋白質的「素食飲食」，這些只吃特定食物的減重法，使用不當很容易搞壞身體，還會影響精神和注意力，一定要當心運用！

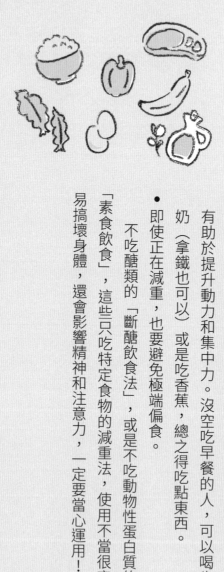

專欄3

在家練習內觀冥想

前面提到正念冥想時，已經介紹過深呼吸冥想和飲食冥想，這裡再向大家簡單介紹在家裡也可以做的「內觀冥想」。

「內觀冥想」，就是「觀照內心的冥想」。主要的效果，在於培養洞察內心的能力，協助心靈成長。

內觀冥想的做法

①在地面鋪上坐墊或墊布，把腰挺直盤坐，姿勢以舒適為主。不適合盤坐的環境，就坐在椅子上把背打直（不要背靠椅背）。把手輕輕地放在膝上。

②閉上眼睛，用鼻子緩慢吸氣。注意空氣流通鼻腔的觸感，感受呼吸間空氣的流動。

③用鼻頭的一點感受呼吸吐納，把意識放在呼吸上。內觀冥想就是一直重複這個過程。

一開始做內觀冥想，通常無法讓意識停留在鼻頭上一分鐘。總會因為某些原因，腦海不自覺浮現工作和家事，導致思緒紛飛。比方說，聽到時鐘指針的聲音，就會想到「啊！我○點得打電話」或「孩子現在在做什麼？」等等。

有時候，也可能出現憤怒、不安和擔心等情緒。舉例來說，遠遠聽到孩子的哭泣聲時，腦海或許會出現自己曾經與誰吵架的情景。

如果出現這些思緒沒關係，即使暫時分心了，只要重新把注意力拉回到呼吸上就好。

當意識到「啊！我在胡思亂想」或「我產生憤怒的情緒」時，就不要再深入思考或陷入糾結，重新把注意力拉回到空氣流通鼻腔的感覺上，不斷重複這個過程。

內觀冥想不必像禪一樣追求「無」的境界。沒有受過特殊訓練的人，本來就很難停止思考，進而達到「無」的境界。進行內觀冥想，一旦產生不同思緒，只要重新找回意識，把注意力集中在鼻頭就好。重複這些過程，把心思拉回當下，獲得平靜。

深呼吸冥想和飲食冥想，難度稍微高一些。不過，一天只花幾分鐘也可以，請持續下去。

持續練習內觀冥想，感受「內心」受到刺激時會產生什麼思緒，進一步找出痛苦的根本原因。

第4章

正面看待「死亡」的方法

23

「如果五年後會死，
你還有什麼事想完成？」
過好每個當下

奧田　七十歲以後，恒子醫師就經常把「隨時等待死亡來臨」掛在嘴邊吧。

許多年過八十活超過平均壽命的高齡者，都非常恐懼死亡來臨。為什麼您對「死亡」如此灑脫冷靜呢？

中村　因為我經歷過非生即死的戰爭時代吧！我切身體會到無論年輕人或老人，「死亡」都可能突然降臨。

除了戰死，還可能遭遇空襲，好不容易戰爭結束了，卻有很多人因為營養不良罹患結核病，相繼死去。在這種環境度過善感的青春時期，即使討厭死亡，也只能看開。

奧田　對死亡看開，可以進一步談談嗎？

中村　無論如何掙扎，人都難逃一死，死亡終將來臨，我總是這樣告訴自己。死亡何時降臨？還可以活幾年？只有上天才知道吧！不必無謂擔心，當死亡來臨時，就灑脫離

無論年輕人或老人，「死亡」都可能突然降臨。死亡何時降臨？還可以活幾年？不必無謂擔心，當死亡來臨時，就灑脫離去吧。

去吧。

奧田　恒子醫師年輕時切身面臨死亡的威脅，所以才對死亡看得很開吧！

中村　是啊！那種死亡如影隨形的感覺，現在根本無法體會，害怕也沒有用。所以，我隨時做好死亡的準備，每天都盡全力做好力所能及的事。

奧田　我沒經歷過戰爭，但可以體會您的感受。我曾經在癌症患者的安寧病房（盡量減輕癌末患者和家屬痛苦的病房）服務過一陣子。

中村　原來如此。弘美醫師看過很多死亡案例。

奧田　除了高齡者，也有不少仍在職場工作的人罹癌死亡。我在安寧病房工作時，不禁想到哪天我也可能罹患不治之症，或是遭遇事故。

因此，我每天都盡可能把能做的、想做的事情做好，該說的話就坦白說出口。

中村　沒錯沒錯，就是這種感覺。孩子還小時，我一直向神明祈求「我現在還不能死，請讓我健康工作，直到孩子都長大獨立了。」

等孩子獨立以後，我隨時等待死亡來臨，結果過了九十歲也還沒死，真傷腦筋（笑）！

奧田　我也一樣！在孩子們獨立以前，我強烈希望持續工作，健康檢查也有定期做，但還是會思考「萬一」，覺得「自己的壽命搞不好比想像中的短。」

因此，我希望盡可能陪伴所愛的家人。要是不曾接觸安寧病房的工作，我就不會那麼認真思考自己的死亡，或許會把重要的事情一直往後推，比現在更投入工作吧！

中村　日本進入和平時代後，死亡不再像戰爭時期如影隨形，而且醫學發達，人類壽命不斷延長，這樣很好。不

盡可能把能做的、想做的事情做好，該說的話就坦白說出口。「如果五年後會死，還有什麼事想完成？」思考這個問題，就會看見最不可或缺、最重要的事。

過，人終究會死，現代人沒有活在死亡的陰影下，都以為死亡離自己很遠。

奧田　是啊！除非像我們一樣，從事與生死相關的工作，絕大多數人的日常，都是與死亡隔絕吧。

中村　像我年輕時期一樣，切身感受到死亡的威脅，那可不好。不過，偶爾想想「面臨死亡是什麼感覺？」或「什麼時候會死」也不是壞事。

奧田　您說得對。意識到人生終會結束，想像自己死亡，也是「自我啟導」（self-coaching）常用的手法。

「如果五年後會死，你還有什麼事想完成？」思考這個問題，你就會看見最不可或缺、最重要的事。我有時也會問自己這個問題，確認是否忽略或推遲了真正重要的事。

中村　沒錯沒錯！意識到「生命隨時可能結束」，就不會浪費時間維持表面的人際關係，或是沉溺於無意義的享樂，更清楚什麼事該優先做。

奧田 我在安寧病房工作時，很多患者表示「想做的事都盡力做了，人生很圓滿」，然後平靜地接受死亡。

其中不乏五、六十歲的患者。不過，也有七、八十歲的患者表示：「我還不想死，我還有很多事想做」，心懷不甘死去。我真心覺得，人生的滿足感與年齡無關！

中村 意識到生命隨時可能終結，就會盡力過好每一天，直到死亡來臨，也沒有什麼遺憾。就算有未竟之事，自己也已經盡力了。

24

想做的事現在就做，
才可以用安詳的笑容，
迎接人生的最後一刻

奧田　在安寧病房，我常聽到抗拒死亡、充滿後悔的人說：「明明再過〇年，我打算……」或「明明退休之後，我想……。」

中村　那些平靜迎接死亡的人，又是怎樣的呢？

奧田　他們會靜靜微笑說：「想做的事大概都做了，沒有遺憾」，或是「我一直活得隨心所欲，很滿足了。」

平靜接受死亡的人，我不知道他們是否從健康時就意識到死亡這件事，但是他們的共同點，都是盡早完成想做的事。

中村　沒錯沒錯。想做的事，盡量不要拖延。只要不造成別人困擾，想做的事就去做，不要在意別人的眼光。

日本從以前就有很強的同儕壓力，只要與周圍格格不入，馬上就會被說是「異類」或「任性」吧。太在意別人

想做的事，盡量不要拖延。只要不造成別人困擾，想做的事就去做，不要在意別人的眼光。想做的事盡可能做，即使自己的生命比平均壽命短，也不至於留下遺憾。

的眼光，一直推遲想做的事，不利於心理健康。想做的事盡可能做，即使自己的生命比平均壽命短，也不至於留下遺憾。

奧田　不要為了未來犧牲現在，就像正念冥想提到的「重視當下」，盡可能忠於自己，按照自己的想法過日子。

當然，應該很少人能夠完全隨心所欲，一天只要一、兩個小時可以做自己喜歡的事，就足以維持心理健康。

中村　與我們年輕時相比，現在無論男女，都可以自由做自己想做的事，只要不給別人帶來太大的困擾，想做什麼就去做吧！

罵別人「任性」的人，大都覺得別人沒有配合他的想法，所以才鬧脾氣的吧。這是日本人的壞習慣，請大家一定要替我們這個世代的人，自由地活出自己！

奧田　意思就是「任性做自己最棒」吧（笑）！

中村 沒錯沒錯。每個人的「做自己」都不一樣，自己覺得好就好。

我年輕時為了生活拚命工作，等孩子都長大獨立之後，還是工作了一輩子，這是我的選擇，所以我很滿足。

我並非多麼熱愛工作，只是孩子獨立以後，我沒有其他想做的事，覺得工作可以幫助別人，還可以打發時間，所以才請醫院讓我一直工作到九十歲。

回頭看，我已經做了「想做的事」。像我一樣，願意一輩子工作也很好，如果有其他想做的事，就去做吧！

奧田 有些患者抱怨「教養孩子，沒有自己的時間」，或是「照顧家人，完全無法做自己真正想做的事。」恒子醫師有什麼建議呢？

中村 孩子的教養問題，我通常建議：「孩子是自己決定要生的吧！教養孩子是自己選擇的工作，請加油！偶爾放手請別人代為照顧，喘口氣，再好好加油就好。」

至於照顧家人，我算是很幸運的。無論父母或丈夫，我都只照顧一陣子而已，不算是很有經驗，說不出什麼大道理。不過，我通常對患者說：「『不送安養院，在家照顧』是你的決定吧？自己決定的事，就是自己想做的事吧？」

奧田　「自己決定的事，就是自己想做的事」，這句話一針見血啊！我也遇過很多愛把過錯推給別人的案例，他們愈是抱怨「因為父母不想去安養院」、「丈夫強烈希望在家裡照顧父母」，壓力就愈大。

中村　說到底，選擇不說「ＮＯ」的人，還是自己吧！要是真的不願意，還是可以拒絕吧。即使如此，還是選擇不拒絕。

這些人嘴巴上說「勉強送到安養院，感覺很可憐」或「不想和先生吵架」，其實在內心深處已經選擇當「溫柔的人」或「好人」，終究是自己的選擇。

奧田 確實如此。身處現代社會，要是真的不願意，幾乎所有事都可以說「NO」吧！

不想被指責「任性」或「不體貼」，所以才選擇不說「NO」。不只照顧家人，其他人際關係也一樣。

中村 沒錯沒錯。任何事都是自己的「決定」和「選擇」，一定要有這種自覺。老是覺得「我是被逼的」，就會變成沉重的壓力。

奧田 大部分的事都可以自己決定，要是能有這種自覺，就更容易掌控自己的人生。一直想當「好人」或「溫柔的人」很痛苦吧？這次換當個「任性的人」，輕鬆做自己吧！

中村 是啊！沒必要一直當好人。如果一開始打算好好照顧家人，但是長時間下來身心俱疲，不妨誠實告訴身邊的人，請專業的照服員幫忙就好。即使被人指責很任性，選

照顧家人、育兒和工作，當覺得受不了了時，不妨鼓起勇氣改變現狀。大部分的事都可以自己決定，要是能有這種自覺，就更容易掌控自己的人生。

擇「不要在意」就好。

奧田　照顧家人、育兒和工作，當覺得受不了了時，不妨鼓起勇氣：「被罵任性也無所謂，總之我要改變現狀！」自己的人生，就按照自己的意思決定吧！

25

老年生活有嗜好就很愉快？
還得考慮行動不便的生活吧！

中村　雖然「要時常意識到，自己的壽命或許比想像中的短」，但也有可能像我一樣，活得比預期的久，所以我也提醒大家做好心理準備（笑）。

奧田　日本目前的平均壽命，女性為八十七歲，男性為八十一歲。*像恒子醫師一樣，活超過九十歲的高齡者其實很多。請恒子醫師與我們分享心得。

中村　我活得比預期的長，首先想建議大家，趁身體還能自在活動時，就要好好地玩，盡情做喜歡的事。

我喜歡旅行，所以趁著行動自如，把國內想去的地方幾乎走遍了。即使我現在必須拄著拐杖走路，也沒有什麼遺憾了！

奧田　恒子醫師把人生奉獻給孩子和工作之餘，也去過國內相當多的地方吧！

趁身體還能自在活動時，就要好好地玩，盡情做喜歡的事。

中村　是啊！我沒有特別的嗜好，就是喜歡旅行，所以會盡量找時間往外跑。

即使不是旅行，想要享受外出的樂趣，也只能趁著身體健康吧！一定要把握機會多出去走走。戲劇觀賞、運動、學習或義工活動，有興趣的話，就去嘗試看看吧！

奧田　原來如此。恒子醫師趁著身體健康，想做什麼就去做，所以老年生活沒有遺憾了吧？

中村　說完全沒有遺憾是騙人的，但也已經滿足了。我在腳骨折之後，就辭掉工作待在家裡。由於待在家裡實在太閒，要是能有居家的嗜好該有多好？這是我的一點小遺憾。

奧田　前陣子，一位高齡的友人告訴我，同時擁有「戶外

＊內政部公布，二〇二〇年台灣人民的平均壽命為八一・三歲，其中男性七八・一歲、女性八四・七歲。

嗜好」和「居家嗜好」，老年生活也可以愉快度過！上了年紀，身體會變得愈來愈不聽使喚，所以最好這兩類嗜好都有。恒子醫師的遺憾，就是沒有「居家嗜好」吧。

中村 是啊！我現在得拄著拐杖走路，又因為疫情完全無法外出，只能待在家裡看看電視和書吧。雖然沒什麼不好，但要是有更能打發時間的嗜好，那就太棒了！

奧田 繪畫、手工藝和寫俳句都不錯吧？即使行動不便也沒問題。

除了類比時代的傳統嗜好，不少高齡者也會使用電子產品，只要有智慧手機，在家裡也可以很愉快。不過，沉溺在社群媒體，與不熟的人交流，這種事我不建議。但現在即使行動不便，也不用擔心，只要運用電子裝置，還是可以愉快地進行視訊通話。

中村 是啊！我勉強會用電子郵件，可以簡單與弘美醫師

同時擁有「戶外嗜好」和「居家嗜好」，老年生活也可以愉快度過！

交流意見。我很愛用電子郵件偶爾與孫子、親戚或前同事郵件往來，可以讓心情變好。

也罷！喜歡在家無所事事的我，有沒有居家嗜好也沒有關係了吧！一個人看電視悠閒度日，偶爾與孩子、媳婦和孫子見面吃飯，這樣就心滿意足了。

奧田　恒子醫師說過孤獨並不可怕吧！

中村　是啊，我完全不在意。照服員一週會來幾次，還是有機會與人談談話。上了年紀像我一樣行動不便，一個人也得愉快過日子吧！

奧田　確實如此。身體健康的時候，可以約朋友出去玩，也可以參加同好會和各種活動。一旦上了年紀，腳變得不方便了，待在家裡的時間就會變多。

中村　不只自己，同齡親友的情況也差不多。退休以後，最好得逐漸適應獨處。

我說過好幾次，孤獨不是壞事，也不可恥。當然，我們需要家人和朋友陪自己說說話，但是他們也沒辦法陪我們一整天吧！女性通常又比男性長壽，一定得學會習慣獨處。

26

享受孤獨並不難，
只要認真面對生活的每一刻

奧田　談到孤獨，恒子醫師對於學習獨處有什麼好方法嗎？

中村　好方法？我從年輕時就習慣一個人，比起與人相處，獨處更輕鬆自在。

奧田　從年輕時開始即使獨處也不寂寞，不想找人說話嗎？

中村　是啊！但其實是沒那個閒工夫。就拿做家事來說，以前沒有洗衣機，也沒有賣配菜的商店，洗衣服得拿水桶洗，然後一件一件用手擰乾，煮飯要買食材回家煮，做完這些事都不知道幾點了（笑）！

奧田　現在生活太便利了，閒得無聊的時間變多了，反而覺得孤獨很痛苦吧！恒子醫師曾說，要是獨處的時間變多，可以刻意做些事情打發時間。

多花點時間做家事，做料理時精心熬煮高湯，打掃完再擦拭一遍。認真做家事，使人產生充實感。

要是獨處的時間變多，可以刻意做些事情打發時間。認真投入每一件事，一個人也很平靜，變得善於獨處，樂在其中。

投入園藝或種菜，也是很愉快的消遣。最近出現許多線上教學課程，不妨下定決心嘗試吧！

中村　沒錯沒錯！現代人空閒時間多，還得安排事情做。我們那個時代想要與人聯絡，不要說電子郵件了，連電話都沒有！寫信得花上一個小時呢！

奧田　寫信也很好啊！我幾乎都用電話、電子郵件和LINE與人聯絡，一旦收到手寫信件，就會特別開心。昭和時代早期，家電和電子產品尚未發達，生活瑣事都得花時間處理。

《東京物語》是知名導演小津安二郎執導的電影，我很喜歡這類電影，充滿昭和早期舒適悠閒的風情，令人心情平靜。

中村　昭和時代的步調緩慢，人們花很多心力處理生活瑣事，根本沒閒工夫遊玩、發展興趣，或是多管別人的事。

奥田 現代社會過於講求「效率」，任何事情都被逼著「快一點」。

中村 是啊！要是習慣做事慢條斯理，就算不特別做什麼，一個人發呆也沒關係吧！

奥田 原來如此，我好像懂了！花費時間和精力認真處理每一件事，獨處的時間自然變長，即使不常與他人接觸，也不會在意。

認真投入每一件事，就可以像恒子醫師一樣，即使不特別做什麼，一個人也很平靜，變得善於獨處，樂在其中。

專欄 4

恒子醫師的養生祕訣就是「不講究」

恒子醫師擔任精神科醫師，一直工作到九十歲，職涯超過七十年，非常驚人！我請教恒子醫師如何維持健康活力，是否有什麼祕訣？她的回答令人出乎意料。

「什麼也不想，就這樣活到現在啊！」

至於飲食和營養，她則回答：「有什麼就吃什麼。」

面對任何事，恒子醫師真的都非常寡欲。飲食上，她沒什麼特別要求的，真的是有什麼就吃什麼。恒子醫師一直在醫院工作，每天中午都按時吃營養均衡的醫院餐點，剛好維持她的健康。

恒子醫師不挑食，也不追求美食，只攝取足夠身體需求的份量。她遵守「飯吃八分飽」的原則，使身材維持在健康體型。

恒子醫師沒有特別的養生法，只是恬淡地做好眼前的工作，還有照顧家庭。她不喜歡奢侈，上班都是轉車通勤，無論職場或家庭，她都不假手他人，讓自己保持忙碌。

仔細想想，這不正是自然的步行運動嗎？適當的有氧運動，延長了恒子醫師的健康壽命。

第三章提到，恒子醫師每天回家後，就不再想工作的事，時間到了乾脆鑽進被窩呼呼大睡。

我原本以為恒子醫師有獨特的養生祕訣，結果竟然沒有，不禁有點小失望。其實，有助於維持健康的事，她都已經實踐在日常生活中了。

很多人遵循錯誤的養生法，嘗試「改善體質」，過度講究食材和保健食品，反而造成飲食不均衡，對健康有害。運動、飲食和睡眠，恒子醫師都「不講究」，只重視簡單的基本原則，在健康資訊紛雜的時代，非常值得我們借鏡。

第5章

在人生的終點站笑著下車

27

高齡者遲早都得面臨延命治療。
何謂「延命治療」？要有明確認知

奧田　恒子醫師很早就說隨時可以迎接死亡，在最後這一章，我們就談談這個話題。

中村　首先，我想死得輕鬆自在。在六十歲左右，我就告訴家人：「我絕對不要延命治療。」要是我有什麼萬一，絕對不要裝人工呼吸器，也不要心臟按摩急救。

奧田　我了解。任何醫生和護理師，沒有人上了年紀想接受延命治療。當然，我也不要。連醫療者都不想接受的治療，最好也不要用在患者身上。不過，當今日本，還是很多醫院會對高齡患者實施延命治療。

中村　確實如此。

奧田　舉例來說，即使已經超過八十歲，高於平均壽命的高齡患者，只要家屬授意，當患者呼吸情況惡化，就會裝上呼吸器，送到加護病房治療。

最近疫情流行，新聞時常報導運用人工呼吸器或葉克膜治療新冠肺炎，導致愈來愈多人以為，使用這些儀器就可以治好肺炎恢復健康。於是，更多家屬更不輕易放棄急救，希望對高齡患者使用人工呼吸器。

中村　對於人工呼吸器，一般人大概只知道是「幫助呼吸的機器」吧！

奧田　這是高齡者終將面對的問題，我就趁這個機會，詳細說明一下吧！

一旦裝上人工呼吸器，把管子從嘴巴插到喉嚨深處，用機器強制患者呼吸，有意識的話會非常痛苦。所以，會使用麻醉藥，讓患者睡著。

過了幾天，如果呼吸情況沒有變好，也不能一直把管子擱在喉嚨。這時會實施氣切，直接插管到喉嚨。

中村　做到這種地步，也不一定會恢復健康。

奥田 是啊！年紀愈大，身體愈老化，即使實施延命治療，為患者裝上人工呼吸器，也很少人呼吸功能因此恢復正常。在床上躺了數週接受治療，不少患者變得更加虛弱了，甚至無法恢復意識。

很多高齡患者雖然生命還在，但根本無法說話和進食，變成「臥床不起」，身上還插了好幾根管子和點滴。這才是真實情況，很多人都不知道。

中村 沒錯沒錯！這種案例我看了非常多。老人如果活超過平均壽命，真的不建議再接受延命治療。多數人即使撿回一命，也因為活動能力銳減，只能一直躺在床上。狀況好的，頂多只能坐輪椅。

失智症急遽惡化的案例也非常多，患者變得不能自主排泄，必須包著尿布。到了這種程度，全身機能都已經衰退，吃東西吞嚥困難，經常容易嗆到，就不能再從口進

年紀愈大，身體愈老化，即使實施延命治療，為患者裝上人工呼吸器，也很少人呼吸功能因此恢復正常。很多高齡患者雖然生命還在，但根本無法說話和進食，變成「臥床不起」，身上還插了好幾根管子和點滴，這才是真實情況。

食，必須二十四小時透過全靜脈營養輸入高濃度營養液，或是插入鼻胃管灌食。

奧田　我來補充說明一下全靜脈營養。一般人印象中插在手上的點滴，是對末梢靜脈進行注射。在微細的末梢靜脈注入高濃度輸液，馬上會引發靜脈炎導致組織壞死，所以只能輸入微量的營養輸液。

輸入取代飲食的高濃度營養液，必須在鎖骨下方或鼠蹊部的靜脈插針，然後留置導管，這就是全靜脈營養。不過，導管長期留在體內，一定會引發感染，所以每個月都得經歷更換導管的痛苦。

鼻胃管的灌食方法，也會引發強烈的不適感。因此，一段時間後，很多人會選擇「在腹壁上打洞穿孔，裝置胃造廔管。」許多高齡患者在皮膚上做小手術，打個洞通到胃，直接插入胃造廔管，再經出管子灌食。

中村 這種胃造廔管，我絕對不能接受……。要我插著胃造廔管活著，簡直是酷刑。我一直覺得，當我無法自主進食時，就是我死的時候。

奧田 我也是。在日本，高齡患者即使沒有變成肺炎，因為失智症或心臟衰竭等原因，變成無法從口進食，就會理所當然地實施人工營養。

我在療養院看過太多悲慘案例。患者因為接受全靜脈營養或胃造廔管等延命治療，無法「尊嚴死」（不施以延命治療，迎接自然死亡），只能躺在床上，全身插滿管子，還包著尿布。

失智症的高齡患者，經常自己拔掉討厭的管子，所以會被人用布條把手和身體綁在床上。

中村 老人只要臥床不起，幾乎都會得褥瘡，肌肉會萎縮，關節也會硬化。拖著動彈不得的身體躺在床上，被迫灌著營養液苟延殘喘活著……有人會想要這樣活下去嗎？

28

為了迎接油盡燈枯的最後一刻，及早做好「預立醫療自主計畫」

中村　日本的臨終醫療就是這種做法，弘美醫師也清楚國外的情形吧？

奧田　澳洲、荷蘭和瑞典，對於失智症和臥床不起的高齡患者，完全不會施以人工營養。

奧地利、西班牙和美國，也很少這麼做。與日本比起來，這些先進國家的高齡患者，幾乎不會被施予人工營養，徒留性命卻臥床不起。想要進一步了解的話，請參考宮本顯二醫師和宮本禮子醫師合著的《不在病床上說再見》。

讀了這本書，我發現令人吃驚的事。原來大約二十年前，歐美與北歐也和日本一樣，一直對高齡患者施予人工營養。後來應該因為宗教因素，所以不再這麼做。

先進國家透過經驗，發現「多餘的處置，只會增加臨終患者的痛苦」，所以開始推廣讓高齡患者自然死亡。

根據長年醫師經驗，我認同上了年紀的高齡患者，臨終時應該自然死亡最好。無論癌症或衰老，利用現代醫療技術減輕疼痛和痛苦，但不過度醫療介入，患者才可以有尊嚴、安詳地死去。

中村　原來如此。根據長年的醫師經驗，我也認同上了年紀的高齡患者，臨終時應該自然死亡最好。

無視身體的需求，勉強從點滴或胃管灌輸營養，只會造成水腫和褥瘡。人啊，只要吃不下飯，身體就會開始衰退，頭腦運作也自然變差。當意識放空，痛苦也會減輕。以前的人，在家裡就是這樣照顧老人的。

奧田　我年輕時服務的安寧病房，也徹底實施尊嚴死。無法進食的癌末患者，如果過度施打人工水分和營養，反而徒增痛苦，所以頂多只施打止痛藥，然後就順其自然。

不給予人工水分和營養，讓患者的身體自然衰弱，最後就像燭火一下子熄滅一樣，安然死去。

中村　是啊！無論癌症或衰老，都盡可能順其自然就好。利用現代醫療技術減輕疼痛和痛苦，但不過度醫療介入，患者才可以有尊嚴、安詳地死去。我還交代孩子們，在我臨終的時候，絕對不要幫我心臟按摩急救！

奧田　在瑞典，八十歲以上的重症患者，如果醫師判斷沒有治癒希望，甚至不會送到加護病房。他們徹底實施尊嚴死，醫療手段只是用來減輕疼痛和痛苦而已。日本卻還處於爭議不休的階段。

日本面對新冠疫情，如果人工呼吸器不夠先救年輕人，就會引發媒體大肆討論「醫療崩潰」和「生命選擇」的議題。不考慮先後順序，逕自幫高齡者裝上人工呼吸器延續生命，反而徒增痛苦。這才是事實，大家根本不清楚。

中村　大多數人都不了解醫療現場的實際情況吧！我要是超過八十歲變成嚴重肺炎，不管是新冠肺炎、流感，或是肺炎球菌感染，那就是時候到了。

其實，我們這種參與臨終醫療的臨床醫師，從幾十年前開始，遇到高齡患者因為肺炎或心臟衰竭變成重症時，都會向家屬明確說明延命治療的痛苦，盡量避免使用人工呼吸器。

奧田　沒錯。當家屬了解延命治療的優缺點後，往往表示：「希望家人安詳、有尊嚴地迎接死亡。」

不對高齡患者實施延命治療，採取自然照護的老人福利機構和醫院，日本近年也逐漸增加，但尚未普及。如果家屬授意延命治療，即使是將近九十歲的老人，也得幫忙裝上人工呼吸器……。

中村　如果家屬授意延命治療，醫師無法拒絕。因此，年過六十歲，最好像我一樣，把自己的意願明確告知家人。

奧田　恒子醫師說得對！肺炎不要裝置人工呼吸器，失智症或心臟衰竭等老化情況，也不想接受人工營養，這些意願一定要在意識清楚時明確告知家人。

目前日本的醫療現場和醫療制度，只要家屬授意，就會對患者進行全靜脈營養治療，或是透過鼻胃管、胃造廔管灌注人工營養。現場的醫師們，也大都存有根深蒂固的觀念，認為「無法進食的患者，要是不施打點滴和人工營養，簡直等同讓他們餓死！」

說到底，日本醫療奉行延命至上主義，對於尊嚴死和安樂死仍然爭議不休。如果患者本人或家屬沒有明確指示，醫師就會盡可能採取延命治療。站在醫師的立場，也擔心萬一引發醫療訴訟會被追究責任。

因此，如果患者本人意識不清，或是罹患失智症，包括給予人工營養，醫師都得詢問家屬是否執行延命治療。

中村　沒錯。所以，我一直向家人明確表達我的意願。若是擔心其他親人會給意見，最好也要跟他們說清楚。

奧田　雖然我才五十多歲，也想過可能因為交通事故等意外受傷接近腦死，所以我強烈主張：「要是沒有治癒機

本書的讀者如果也決定不接受延命治療，除了告知家人和親屬，最好也預立醫療自主計畫。一定要告知家人內容和放置場所，必要時拿給醫師。

會，或是會留下嚴重殘疾，絕對不要幫我延命治療！」

我先生也是醫師，相信他會尊重我的意願，但是為了慎重起見，我會預立意願書。本書的讀者們，如果也決定不接受延命治療，除了告知家人和親屬，最好也預立意願書。

中村　也就是「預立醫療自主計畫」吧。

奧田　是的。就是針對臨終的醫療處置，事先簽署表達本人意願的意願書。日本尊嚴死協會的預立醫療自主計畫最廣為人知，也可以申請「尊嚴死宣言公正證書」，這些都得付費。自己寫一份預立意願書也可以。

預立意願書之後，一定要告知家人內容和放置場所，必要時拿給醫師。如果只是放在抽屜深處，根本沒有用。

中村　我沒有預立意願書，但已經跟兒子們說好，他們也都同意，我很放心。總之，自己要先好好思考，臨終時想要如何處置。

決定不接受延命治療，就要趁著身體健康時，把意願清楚告知家人和親屬，取得共識。從很早開始，我就不斷提醒家人我的意願。要是某天真的倒下了，一定可以安心到另一個世界吧！

29

「孤獨死」其實沒什麼，
就算一堆人送終，
也不會陪你到另一個世界

奧田　恒子醫師總說，孤獨死一點也不可怕吧？

中村　是啊！孤獨死沒什麼好怕的。死了不給任何人添麻煩，不是很棒嗎？我覺得，這是最理想的死法。

奧田　真羨慕恒子醫師這麼灑脫！

中村　是嗎？我現在跟兒子和媳婦住在隔壁，但不是每天聯繫。腳骨折以後，我必須拄著拐杖走路，所以拜託媳婦幫忙買食材和晚餐。不過，一整天我大都一個人過。

所以，哪天突然死了，也不奇怪（笑）！我對住在隔壁的兒子和媳婦說：「要是我孤獨死了，請不要難過。」

奧田　恒子醫師的想法非常罕見。世人看待孤獨死，都是「好寂寞」、「絕對不願意」吧！

中村　是嗎？我覺得沒有比孤獨死更乾脆俐落的死法。住院的話，還要辦手續，會給家人添麻煩吧！

在家長期臥床不起，也會造成很大的負擔。某天突然倒地不治，還比較乾脆省事！

奧田　原來如此。恒子醫師是完完全全的精神獨立啊！

中村　其實，人死了完全不給家人添麻煩，現實上根本不可能。每個人從母親的肚子生出來時，也需要別人的幫助吧？同樣的道理，人死的時候，也不可能完全不麻煩任何人，自己乾淨俐落地消失在世上。即使我孤獨死去，還是得處理後事，所以我已經預留一筆錢。

我交代兒子和媳婦，家裡的東西可以全部處理掉，把房子打掉重建也沒關係。

奧田　您竟然設想到這種地步！不過，臨終時，如果孑然一身，真的不寂寞嗎？

中村　就算很多人圍繞著我，也沒有人會陪我到另一個世界吧！

奧田　確實如此……。即使像電視演的那樣，臨終時被很多家人包圍著，還是得獨自前往另一個世界吧！

中村　沒錯沒錯。而且像戲演的那樣，臨終時還有意識向家人告別，這種情況其實非常少。至今我看過非常多患者，很多人在死亡前幾天，就幾乎失去意識，或是本來人還好好的，情況卻突然危急，等家人趕到現場，就已經陷入昏睡狀態。如果這也算「孤獨死」，醫院裡也時常發生吧？所以，我才說孤獨死不可怕。

奧田　光從「身邊沒有人陪著，獨自死去」的角度看，醫院確實經常發生「孤獨死」。許多患者在睡夢中猝死，這也算是睡眠中的「孤獨死」。

中村　醫院外的「孤獨死」，往往都是死了好幾天才被發現，所以特別讓人覺得悲慘殘酷吧。那就事先做好安排，讓自己死了可以盡早被人發現吧！

孤獨死沒什麼好怕的，醫院裡也時常發生。就算很多人圍繞著我，也沒有人會陪我到另一個世界。事先做好安排就好。

奧田　現在很多公司都提供守護服務，與他們簽定契約，就不用擔心死了好幾天沒人發現。現代人都有手機，善用手機也可以做好安排吧！

30

喪禮和墳墓的事，留給生者去處理。死後的事，不用你操心

奥田 恒子醫師有對家人交代後事怎麼處理嗎？

中村 要交代什麼？

奥田 就是墳墓和喪禮的事……。

中村 喔！那種事我完全沒有交代，隨便他們怎麼處理都好。我對自己死後的墳墓和喪禮不感興趣。

奥田 真像恒子醫師會說的話（笑）！死後的事，有什麼好操心的吧！

中村 沒錯沒錯。死了就一了百了，擔心身後事根本是浪費時間。

奥田 我死了只要家人私下舉辦喪禮就好，然後幫我把骨灰灑到大海。

中村 哎呀，弘美醫師真是浪漫啊！

奥田 如果有墳墓，還會給兒孫添麻煩吧。

現在已經很少人一直住在同一個地方了，維護墳墓也很麻煩。之後如果要「改葬」，還得耗費時間和金錢，愈來愈多人覺得困擾。

中村　確實如此。我們家一直住在大阪，沒有這種煩惱，但如果移住別處，墳墓的問題就會變得很麻煩。所以，沒有墳墓也沒關係，不要過於執著。

我決定了！我要告訴兒子，墳墓就讓他們決定就好，不必顧慮死掉的人。

奧田　喪禮和墳墓，其實都是為了撫慰在世者。精神科學經常探討如何安撫遭逢親人死亡的在世者，舉辦喪禮和維護墳墓也是一種方式。

家人去世後，定期安排忙碌的儀式，藉此轉移悲傷和平復心情。

中村　確實如此。以前會舉辦四十九日，*還有周年忌日等法事，用意在於強制增加活動和交際，避免在世者過度沉溺於悲傷吧！

奧田　不過，原本負責家事的女性，現在也投入職場，很多人甚至離開家鄉到外地工作。傳統法事或許已經變成子孫的負擔，不再是一種慰藉。

中村　無論如何，我的身後事隨便孩子們安排，只要他們輕鬆就好。覺得有墳墓比較安心，那就遵照傳統安排，要是覺得有負擔，就把骨灰處置妥當就好。

死了什麼都沒了，有沒有墳墓也沒差吧！連死後的事情都要擔心，豈不是壓力很大嗎？

奧田　光是活著已經有各種壓力，如果連死後的事都要擔心，簡直就是自找煩惱！

每個人都有自己的宗教觀，不能一概而論。不過，長輩盡量不留負擔給後代，把後事交給晚輩決定最好吧。

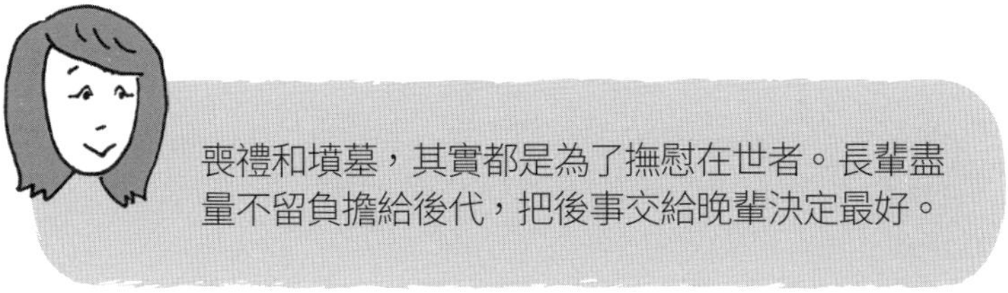
喪禮和墳墓，其實都是為了撫慰在世者。長輩盡量不留負擔給後代，把後事交給晚輩決定最好。

中村　沒錯沒錯。當然，可以想見的紛爭要事先處理好，否則會徒增困擾。也要先跟孩子說好，後事一概讓他們看著辦。如果沒有事先交代好，有些孩子會因為「覺得對不起死去的父母」而勉強自己，所以一定要跟孩子說清楚！

奧田　我覺得白洲次郎（二戰後負責與麥克阿瑟交涉，吉田茂首相的親信）的遺言：「無須葬禮，不要戒名」**很灑脫，不過還是交代得具體一點比較好吧（笑）！

人死後，頂多只有子孫兩代真正記得和懷念自己。之後，你就只是祖先而已，因此盡量不要給後代增加負擔吧！

* 葬禮結束後，將遺照、遺骨、牌位交給遺族安奉到四十九日。
** 日本人死後另取名字稱為「戒名」。

31

「不為兒孫買美田」，
與其留財產給孩子，不如傳承智慧

奧田　恒子醫師，您想過留什麼給孩子們嗎？

中村　我們家沒什麼財產。現有的東西，早就說好讓孩子們平均分配，也不是什麼大數目。唯獨留財產給孩子這件事，我從來沒考慮過。

　沒留什麼財產，這才是為孩子好吧！

奧田　我深以為然。之前在精神科看診，一位患者表示：「我拿父母留給我的錢出國旅行，一個月花了一千萬日幣。再這樣下去，錢就沒了，我很憂鬱。」他好像繼承了上億財產，照他這種揮霍方式，錢一下子就沒了很正常。

中村　是啊！父母留太多錢和資產給孩子，都不是好事。給不懂賺錢辛苦的人一筆錢，一下子就會揮霍殆盡吧！這個道理，真是古今皆同。

　一開始，我就打算把賺來的錢，通通用於培育孩子的

讓孩子擁有獨立生活的能力，這才是最重要的！父母要花時間教導孩子如何與人相處，培養他們在社會生存的本事。

謀生能力。所以，我盡可能把錢花在教育方面。

奧田　讓孩子擁有獨立生活的能力，這才是最重要的吧！父母要花時間教導孩子如何與人相處，培養他們在社會生存的本事。不管學歷多高，因為人際能力不足，出了社會罹患憂鬱症或適應障礙症的人多的是。

中村　沒錯沒錯。一定要學會處世之道。

奧田　您是怎麼跟孩子說的呢？

中村　總之，就是多陪伴孩子，一旦發現求救訊號，馬上提供協助。該怎麼處理壓力，教科書也沒有教。根據孩子的個性和不同環境，處理方式也不同。我只是讓孩子們知道，我會一直從旁守護，需要幫忙的時候，隨時會伸出援手。

奧田　我也是一邊工作一邊養育兩個男孩，大兒子已經是大學生，二兒子是高中生。從他們小的時候開始，我都盡量陪在身邊。

男孩子不會什麼事都跟我們說，但是因為經常關心他們，一旦孩子們的表情或態度不對，馬上就可以察覺。

為了及時協助孩子，我經常陪在身邊，他們也會主動開口尋求協助。學校常見的霸凌問題，我們也避開了好幾次。

中村 是啊！及時協助非常重要！如果把握住成長的關鍵時刻，孩子無須父母隨時照料，自然也會茁壯成長。

奧田 這都要感謝恒子醫師！長男出生不到一年，我就遇見您，當時您告訴我：「對患者來說，醫生有好幾位，但是對孩子來說，母親只有一位。所以，比起工作，現在要更加關心孩子喔！」

中村 我有說過這種話嗎（笑）？孩子透過與父母相處，學習各種「處世技巧」，所以要盡可能騰出時間陪伴孩子。雖說如此，在我的孩子讀小學時，我工作很忙，娘家父母主動跑到我家，硬要幫我帶孩子。

孩子透過與父母相處，學習各種「處世技巧」，所以要盡可能騰出時間陪伴孩子。教導孩子生存智慧和毅力，這才最重要！

當時，孩子們應該很寂寞吧」？現在想起來，那是我唯一後悔的事。二兒子抓著我的衣角哭著說：「我不要媽媽去工作！」那張哭泣的臉，一直烙印在我心上。

奧田　當時托兒所還不完備，恒子醫師還得連丈夫的份加倍工作，也是迫於無奈吧！

不過，您即使值班，也會抽空打電話關心孩子，盡最大的努力守護孩子，兩個孩子最終也都成為傑出的社會人士。

對於養育孩子的職業婦女，我經常告訴她們育兒三「不要」，就是「不比較」、「不焦慮」和「不要太拚」。與其與同事比較徒增焦慮，不如多花時間陪伴孩子吧！教養孩子花去太多時間，工作表現不如預期，也不要拚過頭，對身心造成太大負擔。在孩子還需要父母保護時，下定決心好好陪伴孩子吧！

中村　「不比較」、「不焦慮」和「不要太拚」，弘美醫師說得真好！

奧田　都是恒子醫師和許多出色的媽媽前輩告訴我的道理，我只是歸納而已。

在養育孩子的過程中，我也曾因為工作不如意而煩惱焦慮，這些話是我的精神指引，幫助我度過難關。幸好，我一直努力陪伴在孩子身旁，如今他們都相當堅強獨立。

中村　這樣很好，就像前人講的「不為兒孫買美田」吧！教導孩子生存智慧和毅力，這才最重要！

32

走過九十三年人生的恒子醫師，
最後想告訴大家「人生的分寸」

奧田　恒子醫師今年九十三歲，是名符其實的超高齡者。在本書的最後一篇，您還想對大家說什麼嗎？

中村　人上了年紀，漸漸會力不從心，我現在深有體會。幾年前，我根本沒想過身體有一天會不聽使喚。

現在，就連在平坦的道路上，走路都會走不好，或是還沒過完馬路，信號已經變成紅燈了，這些事居然已經變成日常。

除了腿腳，手也變得沒力，連轉開寶特瓶蓋都做不到，一點行李也拿不起來。能夠獨立完成的事愈來愈少，經常需要別人協助。

奧田　這就是「衰弱症」吧！隨著年紀增加，體重和活動量減少，導致肌力下降，不堪負荷壓力。這種狀態，處於健康和需要照護之間。

要趁身體能夠活動自如時，想做的事趕緊做，不要總是想著以後再做。還有延命治療，要先與身邊的人討論好，清楚交代自己的臨終處置。

中村　這種老化症狀，現在都叫做「衰弱症」吧！走路、上下樓梯、拿東西和操作工具，以往我都可以獨力完成，現在已經漸漸做不到。

某些退化很緩慢，某些動作則是突然間就做不到。好端端走在平坦的道路上，居然會突然跌倒，我也大吃一驚！

奧田　有時候會突然無力吧！這要親身體驗才了解。

中村　所以，我真心建議大家，要趁身體能夠活動自如時，想做的事趕緊做，不要總是想著以後再做。上了年紀確實有很多好處，但身體也會逐漸無法活動自如。

奧田　原來如此！就是能做的事趕緊做！恒子醫師想做的事都做了嗎？

中村　幾乎都做了。工作了一輩子，能為兒子、孫子做的事也都已經盡力。想去的地方都去了，想見的人都見了。各種名義變更手續、財產分配，還有一些現實事宜，我也都趁著身體還能動的時候處理完畢。

奧田　想做的事就去做，不要總是想著以後再做，才不至於後悔莫及。

中村　沒錯！尤其是想獨自做的事，或是只能夠自己做的事，一定不能總是想著以後再做！

還有延命治療，擔心某天可能頭腦不清楚，無法自主判斷事物，所以要先與身邊的人討論好，清楚交代自己的臨終處置。

我絕對不願意在家麻煩家人照顧，還與家人去參觀老人安養中心。如果無法在家裡孤獨死，最後我希望到安養中心，家人也都同意。

奧田　原來如此。人生的最後階段如何度過，要有具體的想法，然後與家人取得共識。預立意願書也很重要。

中村　當手腳和頭腦無法自主時，我希望盡可能不給家人

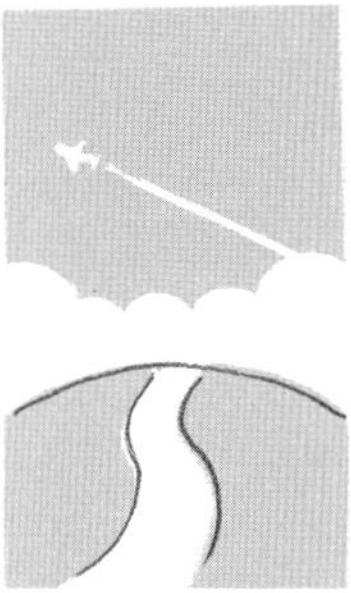

帶來困擾，不讓他們擔心，這是長輩最後的體貼，也是人生最後的分寸。

奧田　恒子醫師總是這麼灑脫啊！我今年五十五歲，即將加入銀髮一族。我會把您走過九十三年體悟的人生道理謹記在心。

從生物學來看，人到了五十歲明顯進入初老期。從現在開始，我要盡可能愉快地順心而為，臨死之際才不會後悔。

人生如何謝幕，我也會好好與家人坦露心聲。本書針對誰也無法避免的「老後」議題，請教恒子醫師的看法。我們兩位醫師都說出心裡話，進行了一場有意義的對談。

我與恒子醫師從各自世代的立場，以精神科醫師和女性的角度進行對話。希望我們的談話內容，能夠幫助到讀者，謝謝大家參與我們的對談！

結語

謝謝大家閱讀這本書。

兩位年紀相差很大的精神科醫師，五十五歲的奧田弘美與九十三歲的恒子醫師，一起針對「人生下半場」的各種「不安」，分享彼此的真心話，大家覺得如何呢？

前著《日日靜好》的專欄，說的是恒子醫師的人生經歷，她現在已經走到人生的最後階段。

二〇二〇年一月，我們開始寫這本書時，恒子醫師在自家前面跌到，導致股骨頸骨折，於是辭掉了持續到九十歲的精神科醫師工作。手術後，恒子醫師恢復得非常良好，可以自己拄著拐杖走路，所以離開醫院回到家裡。寫這本書的時候，她一直在家中靜養。

照服員一週三次到家中照顧，住在隔壁的長男夫婦也會幫忙，恒子醫師每天在家看電視、看書，生活過得很平靜。為了討論這本書的內容，她偶爾會寫電子郵件或打電話給我。

不過，在八月中左右，恒子醫師突然全身無力，完全站不起來，再度被送往醫院。雖然沒有骨折，但是全身的肌力驟降，已經無法再拄著拐杖走路。

長男夫婦馬上表示，想要接手照顧，打算把恒子醫師接回家。但是，恒子醫師希望到老人安養中心，很快就打電話給以前工作的醫院安排轉院事宜。目前，恒子醫師就在安養中心接受復健和療養。

事情的原委，我讓大家看看恒子醫師寫給我的郵件。

我已經九十一歲，只剩現在還能自主決定到安養中心，所以我自己打電話安排轉院事宜。聽到母親執意在安養中心終老，兒子和媳婦在情感上應該很難接受吧！但是，我不想兒子、媳婦和孫子看到我衰弱的樣子，也不想給他們添麻煩。這是我最後的願望和自尊，也算是無意義的逞強吧。

一九四五年，二次大戰結束的前兩個月，十六歲少女為了成為醫生，隻身一人從尾道市前往大阪，走過動盪不安的時代，把兩個兒子養育成人，直到九十歲為止，一直認真做好精神科醫師的工作。

她深受六個孫子喜愛，卻決定在安養院度過最後一程。堅持「長輩最後的體貼」和「人生最後的分寸」，這就是恒子醫師的一貫作風。

恒子醫師如此灑脫，直到最後，都堅持獨自邁向人生的最終點。能夠與她合著這本書，我深感莫大的榮幸！

我與恒子醫師衷心盼望，這本書能夠對各位漫長人生的心靈之旅，獻上微薄的幫助。

本書的最後，謹向對兩本著作一直給予溫暖支持與協助的中村晶彥、中村真理夫妻，致上由衷的感謝！

奧田弘美

Star 星出版 生活哲學 LP007

微笑老後

93歲精神科醫師×55歲精神科醫師 教你放下不安，優雅面對熟年生活 (日日靜好2)

不安と折り合いをつけて
うまいこと老いる生き方

作者 — 中村恒子、奧田弘美
譯者 — 賴詩韻

總編輯 — 邱慧菁
特約編輯 — 吳依亭
校對 — 李蓓蓓
封面完稿 — 陳俐君
內頁排版 — 立全電腦印前排版有限公司

讀書共和國出版集團社長 — 郭重興
發行人 — 曾大福
出版 — 星出版／遠足文化事業股份有限公司
發行 — 遠足文化事業股份有限公司
231 新北市新店區民權路 108 之 4 號 8 樓
電話：886-2-2218-1417
傳真：886-2-8667-1065
email: service@bookrep.com.tw
郵撥帳號：19504465 遠足文化事業股份有限公司
客服專線 0800221029
法律顧問 — 華洋國際專利商標事務所 蘇文生律師
製版廠 — 中原造像股份有限公司
印刷廠 — 中原造像股份有限公司
裝訂廠 — 中原造像股份有限公司
登記證 — 局版台業字第 2517 號

出版日期 — 2023 年 03 月 09 日第一版第四次印行
定價 — 新台幣 360 元
書號 — 2BLP0007
ISBN — 978-626-95969-2-8

星出版讀者服務信箱 — starpublishing@bookrep.com.tw
讀書共和國網路書店 — www.bookrep.com.tw
讀書共和國客服信箱 — service@bookrep.com.tw
歡迎團體訂購，另有優惠，請洽業務部：886-2-22181417 ext. 1132 或 1520

國家圖書館出版品預行編目（CIP）資料

微笑老後：93 歲精神科醫師 ×55 歲精神科醫師教你放下不安，優雅面對熟年生活（日日靜好 2）／中村恒子、奧田弘美 作；賴詩韻 譯 .-- 第一版 .-- 新北市：星出版：遠足文化事業股份有限公司發行，2022.07
232 面；14.8x21 公分 .--（生活哲學；LP007）.
譯自：不安と折り合いをつけて うまいこと老いる生き方
ISBN 978-626-95969-2-8（平裝）
1.CST: 人生哲學 2.CST: 老年心理學 3.CST: 生活指導

191.9　　111009153

不安と折り合いをつけて うまいこと老いる生き方
by 中村恒子＆奧田弘美
FUANTO ORIAIO TSUKETE UMAIKOTO OIRU IKIKATA
by Tsuneko Nakamura, Hiromi Okuda

新觀點
新思維
新眼界

Star
星出版